FRANÇOIS ROBERT

SES TRAVAUX SCIENTIFIQUES

SON ROLE POLITIQUE — SON ROLE ARTISTIQUE

PAR

PAUL GAFFAREL

FRANÇOIS ROBERT

SES TRAVAUX SCIENTIFIQUES
SON ROLE POLITIQUE — SON ROLE ARTISTIQUE

PAR

PAUL GAFFAREL

(Extrait des Mémoires de la Société Bourguignonne de Géographie et d'Histoire.)

Notre collègue et président honoraire de la Société Bourguignonne de Géographie et d'Histoire, M. Charles Muteau, et le savant directeur des Archives Départementales, M. Garnier, dans leur Galerie Bourguignonne (1), *publiée en 1861, consacraient à François Robert la notice suivante : « Robert (François), né à la Charmée, près Chalon-sur-Saône, en 1737 ; mort à Heiligenstadt (Saxe), en 1819. Géographe du roi, membre de l'Académie de Berlin et du Conseil des Cinq-Cents, a publié plusieurs mémoires sur les machines aérostatiques, in-8. Les auteurs de la* Galerie Bourguignonne *sont en général bien informés, et ils ont rendu aux travailleurs de véritables services en condensant à leur usage une foule de renseignements biographiques et bibliographiques ; mais leur notice sur Robert est incomplète, et même sur certains points inexacte. Aussi nous pardonneront-ils la liberté que nous prenons de refaire, grâce aux renseignements qui nous ont été fournis et à nos*

(1) T. III, p. 60.

1*

propres recherches, la biographie d'un Bourguignon trop oublié, qui a pris une part honorable aux affaires publiques, a composé de nombreux ouvrages dont quelques-uns lui valurent une grande réputation, et a préservé de la destruction la plupart des monuments qui donnent encore à notre vieille cité Bourguignonne une physionomie si originale. C'est donc à la fois comme savant, comme homme public, et comme amateur distingué que nous étudierons Robert. Nous essaierons de le suivre dans cette triple direction scientifique, politique et artistique.

I

LE GÉOGRAPHE ROBERT

François Robert naquit le 3 février 1737, à Charme ou à Bézouotte (canton de Mirebeau, département de la Côte-d'Or). Les auteurs de la *Galerie Bourguignonne* se sont trompés en lui assignant comme lieu de naissance la Charmelle, près de Chalon-sur-Saône : c'est bien à Bézouotte, ou à Charme, petit hameau qui dépendait de la paroisse de Bézouotte, qu'il est né. Voici en effet l'acte de baptême (1) qu'on a bien voulu copier pour nous sur les registres de la paroisse de Bézouotte: « Le dimanche troisième février 1737 est venu au monde et a été baptisé François, fils du sieur Benoît Robert, fermier de Monsieur de Bauffremont, à Charme, et de Jeanne Pitois, sa légitime épouse, ayant eu pour parain Monsieur François Devevet, conseiller du roi, trésorier des fortifications de Bourgogne, et

(1) Communication de M. Ferdinand Rey, membre de la Commission des Antiquités de la Côte-d'Or.

pour maraine damoiselle Blaise Xavier, grand'
mère, veuve du sieur Aimé Pitois, marchand à
Mirebeau, en présence dudit père. Ont signé :
Maurice Raillard, recteur d'école, Etienne
Thiard, marguillier, Geoffroy, curé, Devevet, F.
Xavier. »

C'est sans doute la ressemblance qui existe
entre les mots Charme et la Charmelle qui aura
induit en erreur les auteurs si consciencieux de
la *Galerie Bourguignonne*, mais l'acte authentique que nous produisons dissipe toute incerti-
tude : c'est bien sur la paroisse de Bézouotte, et
probablement à Charme, où était située la ferme
de son père, que naquit Robert.

On ne sait rien sur ses premières années.
Est-ce au collège des Godrans de Dijon, est-ce
au collège de Chalon, qu'il fit ses premières
études, on l'ignore absolument. Il est probable
que la protection de la puissante maison de Bauffremont, à laquelle son père était attaché en qualité de fermier, ne lui fut pas inutile : aussi bien
il se montra toute sa vie reconnaissant du
concours qu'on lui avait prêté, et c'est à un
des membres de cette famille qu'il dédiait
en 1777 un de ses ouvrages les plus connus,
la *Géographie naturelle, historique et raisonnée*. Ses premières études furent bonnes et solides, car nous le trouvons de très bonne heure
professeur de philosophie et de mathématiques

au collège de Chalon-sur-Saône. Esprit vif et curieux, il ne resta étranger à aucune des questions scientifiques qui passionnaient alors les esprits, et, avec la hardiesse qu'excusait sa jeunesse, entra directement en relations avec les grands écrivains, qui nous consolaient de nos défaites par leurs livres et leurs découvertes.

En novembre 1823, l'archiviste de la Côte-d'Or, Joseph Boudot, annonçait que la Correspondance de Robert avec les principaux savants et avec les souverains de l'Europe allait bientôt être publiée. Cette promesse n'a jamais été tenue et ces précieuses lettres ont été dispersées (1). Nos recherches pour les retrouver n'ont pas abouti. On (2) nous avait pourtant signalé toute une série de lettres adressées à Robert par Buffon, par Necker, par Mirabeau, par Voltaire, par les princes de Bauffremont et de Gonzague, mais nous n'avons pu nous les procurer. C'est une perte à jamais regrettable pour l'histoire littéraire. Au moins les œuvres de Robert lui ont-elles survécu. Nous allons essayer d'en donner une rapide analyse.

C'est comme réformateur de l'enseignement

(1) François Robert n'eut qu'une fille. Elle épousa M. Martin, et eut de lui deux enfants: un fils mort célibataire et une fille mariée à un M. Allote ou Alliote, aujourd'hui fixé à Morez.

(2) Communication de M. Grigne, libraire, membre de la Société Bourguignonne de géographie et d'histoire.

que Robert acquit sa première notoriété. Notre ancien camarade d'école normale, Frary, quand il composa son retentissant factum contre les lettres anciennes, ne se doutait certainement pas qu'il eût été devancé sur ce point par le savant provincial, dont nous essayons de reconstituer la biographie. Robert s'était en effet, et pour l'époque c'était une grande hardiesse, prononcé contre la prépondérance exagérée accordée à l'enseignement du grec et du latin. Voici ce que nous lisons dans l'ouvrage qu'il publia plus tard sur la Suisse (T. II, p. 390).

« Convaincu de l'insuffisance, de la barbarie même des études, auxquelles, par la méthode la plus insensée, nous condamnons la jeunesse, espoir de la nation, je publiai, vers ce temps, à Dijon, un plan d'études. — Je m'attendais bien qu'on ne pourrait se déterminer à abandonner le chemin frayé, les anciennes routines, mais je le donnai parce que de bonnes vues, qui ne fructifient point dans un temps, sont accueillies dans un autre; parce que de bonnes vues sont des semences de bien pour une autre période de temps, pour un autre siècle, si l'on veut, et que le bien est le bien en quelque temps qu'il se fasse. J'envoyai un exemplaire de cet ouvrage à M. de Voltaire; voici la réponse qu'il me fit :

Château de Ferney, par Genève, 23 février 1764.

Je vous remercie, Monsieur, et je vous félicite

de votre plan d'études. Il semble qu'autrefois les collèges n'étaient institués que pour faire des grimauds : vous ferez des gens de mérite. On n'apprenait que ce qu'il fallait oublier, et par votre méthode on apprendra ce qu'il faudra retenir le reste de sa vie. La vraie philosophie prendra la place des sophismes ridicules, et la physique n'en sera que meilleure en s'appuyant sur les expériences et les mathématiques plus que sur les systèmes. Newton a calculé le pouvoir de la gravitation, mais il n'a pas prétendu deviner ce que c'est que ce pouvoir. Descartes devinait tout, aussi n'a-t-il rien prouvé. Locke s'est contenté de montrer la marche et les bornes de l'entendement humain : malheur à ceux qui voudraient aller plus loin. Votre plan, Monsieur, est un service rendu à la patrie. Il faut espérer que les Français feront enfin de bonnes études, et qu'on y connaîtra même le droit public qui n'y a jamais été enseigné. Je souhaite que tous ces nouveanx secours forment de nouveaux génies. Je suis prêt de finir ma carrière, mais je me consolerai par l'espérance que la génération nouvelle vaudra mieux que celle que j'ai vue. J'ai l'honneur d'être, Monsieur, avec tout l'estime que je vous dois, votre très humble et très obéissant serviteur.

VOLTAIRE,
Gentilhomme ord. du Roy.

Voltaire pensait-il que les réformes réclamées par Robert étaient réellement indispensables ? Nous avons peine à le croire. S'il avait cru à la nécessité d'un changement complet dans les méthodes scolaires, il serait souvent, et avec insistance, revenu sur ce sujet : or il n'a fait que l'effleurer. Robert au contraire fut sur ce point intraitable. Il ne cessa de protester contre ces « études barbares, et chargées encore de toute la rouille des siècles de ténèbres (1). » Si l'enseignement secondaire spécial, tant prôné de nos jours, eût alors existé, Robert en aurait été le défenseur résolu. « N'est-ce pas en effet, s'écriait-il, le comble de la déraison de pâlir, pendant une longue suite d'années, sur une langue qu'on finit par ne pas savoir, sur une langue qu'on ne lit pas, qu'on n'écrit pas, qu'on ne parle pas, dont on ne se sert pas le reste de sa vie, et qu'il serait même souvent du plus mauvais goût de paraître savoir ; » et il ajoutait, non sans quelque exagération : « Je veux que cette langue ne soit pas l'objet des études de tous ; je veux qu'elle existe chez un petit nombre de savants qui en conse..vent le dépôt, et chez qui elle soit ce que sont les antiques chez les curieux et les antiquaires. Je veux enfin que cette étude, fardeau démontré inutile, n'enlève pas tant de bras précieux à l'agriculture, aux arts, au commerce, et cesse ainsi d'énerver l'état en même temps que les individus. »

Malgré son éloquence et ses protestations,

____

(1) *Géographie de la Suisse*, t. II, p. 186.

Robert ne réussit pas à provoquer la moindre réforme. L'enseignement était alors confié à des congrégations ou à des corporations, dont les membres étaient trop intéressés à défendre le statu quo, pour permettre la moindre infraction à leurs méthodes routinières. Ils organisèrent contre leur adversaire la conspiration du silence, et ils réussirent si complètement à entraver les projets de Robert qu'ils anéantirent jusqu'au fameux plan d'études, qu'admirait tant Voltaire. Malgré nos recherches dans la ville même où fut publié le plan, et dans beaucoup d'autres endroits, nous n'avons pu nous en procurer un seul exemplaire, et nous sommes réduits à l'admirer sur la foi de Voltaire.

Au moins Robert essaya-t-il de démontrer par son propre exemple que le grec et le latin ne devaient pas constituer l'objet principal des études de la jeunesse. Il aurait voulu que cette place d'honneur appartînt à une science alors bien négligée, et qui l'est encore trop de nos jours, car il en est peu d'aussi utiles, et qui pourtant, par une aberration singulière, ait été si peu l'objet des faveurs gouvernementales, la géographie. Il s'occupa donc de rédiger des traités élémentaires de géographie à l'usage des jeunes gens et des traités plus complets à l'usage des gens du monde. De là toute une série de livres, dont quelques-uns jouirent en leur temps d'une grande réputation, et qu'il importe de passer en revue.

Le premier ouvrage de longue haleine composé par Robert fut une *Géographie universelle à l'usage des collèges*, par M. Robert, professeur de philosophie et de mathématiques au collège de Chalon-sur-Saône, 2 volumes in-18, Paris, Saillant, 1767. Cette géographie devint classique, et de nombreuses éditions en attestèrent le réel succès (1). Il se peut qu'elle fût en progrès sur les autres géographies élémentaires alors en circulation, mais comme elle nous semblerait aujourd'hui médiocre, et quels progrès n'avons-nous pas faits en matière pédagogique! Robert fait consister toute la géographie dans une aride nomenclature. Plus on entassera dans sa mémoire de noms propres, plus vite on arrivera à posséder la science géographique. Aucune vue d'ensemble. Aucune impression

(1) On la réimprimait encore en 1802. Voir lettre inédite de Robert au libraire Genetz (Mirebeau, 18 décembre 1802): « Quoique le ciel paraisse s'obscurcir, je suis néantmoins décidé à m'occuper de votre Géographie Elémentaire, et cela immédiatement après l'examen et le renvoi de l'exemplaire que vous m'avez fait passer, et qui serait déjà là si je ne l'eusse reçu à la veille de mon départ pour Dijon, d'où je vous en ferai le renvoi avant de retourner à ma campagne. » Nous avons retrouvé jusqu'à treize éditions de cet ouvrage, et nous ne sommes pas certain de ne pas avoir été incomplet dans nos recherches. La treizième édition est de 1827 (un vol. in-12, avec 7 cartes. Paris, Marie Nyon).

générale. La géographie physique est entièrement sacrifiée à la description des villes ou à l'énumération des localités prétendues historiques. Robert va jusqu'à préconiser la singulière méthode qui consiste, soi-disant pour alléger le travail, à réduire toute la géographie en vers techniques, et quels vers !

> Dans la France comptez trente-un gouvernements,
> Dix-neuf sont au circuit, douze sont au-dedans.

Voici la description de la Bourgogne et du Lyonnais :

> Dijon, Beaune en Bourgogne, Auxerre, Autun, Chalon,
> La Bresse et Bourg, Belley, Dombes principauté.
> Qui renferme Trévoux, au Lyonnais Lyon,
> Villefranche, Beaujeu, Roanne et Montbrison.

Voici maintenant les vers destinés à fixer dans les esprits le nom des principaux cours d'eau français :

> La Seine reçoit l'Oise, et la Marne, et l'Yonne,
> Le Rhône, la Durance, Ain, Isère et la Saône,
> La Loire, Indre, Allier, Cher, et Loir ; en Gascogne
> La Garonne et le Tarn, le Lot et la Dordogne.

Rien ne peut excuser de pareils alexandrins, rien que l'absolue naïveté des raisons apportées par Robert à l'appui de sa méthode. « Je n'ai plus qu'une chose à dire en faveur de la méthode des vers artificiels, c'est qu'elle était en usage au collège de Louis-le-Grand, où s'élevait la première noblesse de France, et où les maîtres s'appliquèrent avec un soin tout particulier à lui alléger le travail. »

Signalons pourtant une certaine curiosité d'esprit, bien rare alors dans les ouvrages de cette nature. Ainsi Robert énumère les tombes des personnages illustres à Paris ; il appelle l'attention sur les antiquités romaines de Besançon et de Saint-Claude, il donne le testament du duc Robert II de Bourgogne en 1297. On trouve même chez lui, bien que fort exagérée, la note admirative pour les beautés de la nature : « Non loin de Saiʳ ᵗ-Claude est la montagne de Mijoug, du haut de laquelle on jouit de la plus belle perspective peut-être qu'on puisse rencontrer sur la surface de la terre. »

En résumé, malgré sa réputation, le livre de Robert est au-dessous du médiocre, et vraiment il fallait, en l'an de grâce 1767, bien peu de talent et d'originalité pour se faire un nom !

Dix ans plus tard, en 1777, Robert publiait un nouveau livre de géographie, plus complet assurément, mais tout aussi médiocre. Il est intitulé : *Géographie* (1) *naturelle, historique, politique et raisonnée suivie d'un traité de la sphère, avec l'exposition des différents systèmes du monde.* 3 vol. in-8. Paris, Desnos, 1777. L'ouvrage est

____

(1) La seconde édition fut publiée à Paris (1801, un vol. in-12).

dédié au prince de Bauffremont-Listenois, vice-amiral de France. Ce qui nous a le plus frappé dans ce traité, qui eut pourtant les honneurs de nombreuses éditions, c'est l'absence à peu près complète de géographie physique. Tous les fleuves de France sont décrits en trois pages (I, 245). Les montagnes sont plus maltraitées : on leur consacre exactement trois lignes (I, 248-9) : « Les principales montagnes de la France sont les Pyrénées, les Alpes, les Cévennes, le mont Jura ou Saint-Claude et le mont de Vosge. » Pas un mot de plus et nulle autre indication. Pas même une allusion à la direction des chaines, à l'altitude des sommets, à l'influence des montagnes sur la température, le climat et les productions du sol. Il est vrai que Robert ne parle pas davantage des plaines. Il ne cite ni la Beauce, ni la Sologne, ni les Landes, en un mot, aucune de ces régions naturelles, dont l'étude s'impose, quand on s'occupe de la géographie française. L'ordre des matières est parfois singulier. Ainsi les archevêchés et les ports de mer sont intercalés entre les rivières et les îles (I, 247). La géographie historique est tout aussi défectueuse que la géographie physique. Elle est même très arriérée. Le Labrador n'est-il pas encore nommé Estotiland (III, 120), tout comme au temps où les frères Zeni composaient au XIVe siècle la carte de leurs voyages si contestés ?

Quant au *Traité de la Sphère*, c'est un simple traité de géographie mathématique avec indication des méthodes à suivre pour trouver la longitude et la latitude d'un lieu, explication du calendrier, etc. ; mais l'exposition des systèmes anciens est fort négligée. Rien d'original, rien de saillant. Nous sommes encore en pleine médiocrité. Le *Traité de la Sphère* fut cependant très goûté par les contemporains, car on le réimprima à part, et il eut plusieurs éditions : *Traité de la Sphère avec l'exposition des différents systèmes astronomiques du monde*, par Robert, ancien professeur de philosophie au collège de Chalon-sur-Saône, 1 vol. in-8. Paris, Desnos, 1777.

Nous serons moins sévère dans notre appréciation d'un troisième ouvrage géographique de Robert, publié en 1789, et intitulé (1) : *Voyage dans les treize cantons suisses, les Grisons, le Valais et autres peuples ou états alliés ou sujet des Suisses*, 2 vol. in-8. Paris, Hôtel d'Aubeterre, 1789. Ce livre est à vrai dire la première description raisonnée et scientifique de la Suisse, et ce qui lui donne une saveur toute particulière, c'est qu'il a été composé *con amore*. Robert a été comme grisé par la montagne, et on pourrait le considérer comme le premier de nos alpinistes, non point par la

(1) Ce livre fut traduit en allemand et imprimé à Berne.

hardiesse de ses ascensions, car, à vrai dire, il n'en fit aucune, et ne mentionne même pas l'Oberland, mais à cause du ton d'émotion sincère avec lequel il parle toujours des beautés alpestres. Qu'on lise par exemple sa description des glaciers du Grindelwald (II, 23), du Saint-Gothard (I, 307), du mont Blanc (II, 291), ou sa course à Valorbe (II, 70), et on sera convaincu de la sincérité de ses impressions. Elle est d'autant plus à noter qu'une pareille sincérité était alors bien rare. On ne croyait pas encore à la montagne. On préférait aux merveilles de la nature les chefs-d'œuvre de l'art. Aussi Robert émettait-il un véritable paradoxe, quand il écrivait que la Suisse était supérieure à l'Italie « par le spectacle sublime que présentent les hautes Alpes et par les merveilles qu'y prodigue à chaque pas la nature. Elle l'emporte par les impressions profondes que causent, sur l'âme du voyageur, ces tableaux inattendus, la grandeur effrayante et majestueuse de ces rocs, dont le front, couronné de glaces éternelles, se cache dans les nues, et dont les masses imposantes, aussi anciennes que le monde, ont préexisté et survécu aux grandes catastrophes de notre globe. »

Robert ne se contentait pas d'admirer : il essayait d'expliquer. On lui doit une théorie sur la dénivellation des montagnes (I, 256). Il a également parlé des plissements parallèles du Jura

(I, 239). C'est donc par ce mélange d'impressions sincères et de recherches scientifiques, qui forme comme la caractéristique de notre époque, que se recommande à notre attention le livre de Robert. Ce n'est pas à dire que tout soit à louer dans cet ouvrage. Nous goûtons peu les déclamations sentimentales en l'honneur de Rousseau (II, 360). Nous aurions volontiers sacrifié les éloges de Necker (1), et une digression sur l'étude du latin, à propos de l'absence d'un collège à Lausanne, mais ce sont des taches légères, et on comprend que les contemporains aient rendu justice à ce livre qui ne ressemblait pas aux banales descriptions en honneur sur la matière. Robert se montrait par là réellement innovateur. Il créait pour ainsi dire un genre nouveau.

Ce n'est pas seulement en France que le *Voyage en Suisse* fut bien accueilli. Robert avait distribué un certain nombre d'exemplaires du livre aux personnes dont il désirait l'approbation. Le hasard des temps a conservé deux des réponses qu'il reçut à cette occasion. Le prince

---

(1) M. et Mme Necker n'étaient pourtant pas insensibles aux éloges de Robert. On a conservé une lettre de Mme Necker adressée à Robert pour le remercier de l'envoi de son livre. « Un seul exemplaire nous suffira, écrivait-elle, car M. Necker et moi nous n'avons qu'une seule bibliothèque, et, quand nous en aurions deux, ce livre seul devrait nous appartenir en commun, puisqu'il contient à la fois l'image des qualités de l'un et de la tendresse de l'autre. » — Charavay, *Revue des autographes*, novembre 1885.

évêque de Bâle et Porrentruy, lui écrivait, le
5 juin 1779 :

J'ai reçu (1), Monsieur, avec toute la reconnaissance possible, l'ouvrage que le P. Gouvier m'a
remis de votre part. Je me fais un plaisir d'avance
de le lire et d'y trouver les connaissances que vous
avez acquises par l'application et les peines que
vous avez prises. Si j'ai été charmé de vous accueil-
lir lors de votre passage ici, soyez assuré que je
n'ai pas moins de satisfaction de vous renouveler
l'expression des sentiments distingués avec lesquels
je suis, Monsieur, votre très humble et très obéissant serviteur.

FRÉDÉRIC.

Ces divers ouvrages avaient mis Robert en
relief : Il fut prié de collaborer à la *Grande
Encyclopédie méthodique* que rédigeait alors
une société de savants et d'hommes de lettres.
On le chargea de la géographie moderne. Bien
qu'il ait eu comme collaborateurs Mentelle,
alors historiographe du comte d'Artois, et professeur émérite à l'école royale militaire, Masson
de Morvilliers, avocat au Parlement, et Bonne
pour la rédaction des cartes, Robert est le principal
auteur des trois gros volumes in-4 que publia
de 1787 à 1788 l'éditeur Panckoucke. Il donna

_____

(1) La lettre originale appartient à M. Dietsch, de Dijon, qui
nous a autorisé à la reproduire.

2*

à cette géographie la forme d'un dictionnaire : mais ce n'est pas un dictionnaire ordinaire. Aux renseignements de géographie pure Robert en effet ajoute toujours de précieuses indications sur les institutions politiques, sur les monuments ou les écrivains nés dans telle ou telle ville. Ainsi à l'article Dijon sont énumérés tous les monuments, dont la plupart ont disparu, et qui faisaient alors de la capitale de Bourgogne la ville aux clochers, comme l'appelait Henri IV. A l'article Venise est étudiée la constitution oligarchique de la vieille république, et à la suite sont énumérés, avec l'appréciation de leurs œuvres, les principaux écrivains qui y sont nés. Parle-il du Tage, il citera un fragment des Lusiades. A l'article Tournus sera appréciée l'œuvre artistique de Greuze ; à l'article Soulers en Provence il rappelle le souvenir du poète Tristan l'Hermite et rapporte la célèbre épigramme lancée contre lui par le maître des requêtes Montmot. Par cette heureuse alliance de la science et de la critique littéraire et artistique, Robert a esquivé la monotonie et donné à un ouvrage d'ordinaire fort aride l'attrait de l'originalité. Il a même parfois appelé la poésie à son aide, et, certes, dans un sujet qui prêtait peu, car c'est surtout aux articles qui traitent de la géographie mathématique qu'il a réservé ses inspirations poétiques. Voici, pour donner une idée de son talent en ce genre, comment à l'article zone il parle du soir.

> Le Dieu qui doroit nos campagnes
> Va se dérober à nos yeux.
> Il fuit, et son char radieux
> Ne dore plus que les montagnes.
> Les nymphes sortent des forêts
> Le front couronné d'amaranthes.
> Un air plus doux, un vent plus frais
> Raniment les roses mourantes.
> Et descendant du haut des monts
> Les bergères plus vigilantes
> Rassemblent leurs brebis bêlantes
> Qui s'égaraient dans les vallons.

Pour se conformer au goût de l'époque, Robert ne s'est pas privé des déclamations sentimentales à la Rousseau. Rien aujourd'hui ne nous paraît plus faux et plus convenu : mais les contemporains de Robert appréciaient fort ces jeux d'esprit, et c'était pour leur plaire que, par exemple à propos des froids polaires, l'auteur du dictionnaire écrivait les lignes suivantes : « Ah ! que les licencieux et les orgueilleux qui vivent dans la puissance et l'abondance réfléchissent à ces malheurs : Ceux qui nagent dans la volupté ne pensent pas, tandis qu'ils se plongent dans les plaisirs, combien il en est qui éprouvent les douleurs de la mort et les différents maux de la vie ; combien versent leur sang dans des disputes honteuses entre l'homme et l'homme ; combien languissent dans le besoin et dans l'obscurité des prisons ; combien mangent le pain amer de la misère et boivent le calice de la douleur. »

A ces phrases larmoyantes qui ne répondent à rien, combien nous préférons les scrupules d'exactitude avec lesquels Robert ajoute à ses trois volumes un fort supplément de 73 pages, où il rectifie ses erreurs, ajoute ou retranche, donne par exemple des détails fort précis sur le tremblement de terre de la Calabre en 1783, et sur les Ordonnances réformatrices de Louis XVI. C'est justement ce mélange de déclamations et de faits précis, de phrases à effet et de renseignements spéciaux qui donne au travail de Robert une saveur tout à fait originale. Il s'est montré l'homme de son temps et, bien qu'on l'ignore communément, on peut en toute confiance recourir à son travail pour un grand nombre de renseignements artistiques, littéraires ou scientifiques, qu'on ne trouverait pas ailleurs.

Robert avait beaucoup voyagé pour rassembler les éléments de son dictionnaire. Nous ne possédons par malheur aucun détail sur ses voyages. Nous savons seulement, car on en trouve la preuve pour ainsi dire à chaque page de son travail qu'il avait, dans ses courses à travers l'Europe, ramassé des notes nombreuses, dont il devait faire profiter ses lecteurs. Nous savons en outre qu'il voyagea de préférence dans l'Europe Centrale, surtout en Suisse et en Allemagne. C'est sans doute dans un de ces voyages qu'il se lia avec divers Prussiens, et particulièrement avec le ministre de Prusse Hertzberg (1), un des auteurs du premier partage de la Pologne, le signataire du traité de Teschen, le futur négociateur du traité de Reichembach. C'est Hetzberg qui lui valut une distinction alors fort recherchée, le titre de membre de l'Académie de Berlin. Robert lui avait envoyé deux exemplaires de son livre:

J'ai reçu il y a quelques semaines, lui répondit le ministre, vos deux lettres (2) du 8 novembre et du 10 décembre, avec les deux exemplaires de votre ouvrage sur la Suisse, que je trouve à mon particulier écrit avec des yeux d'un homme d'état, de cosmographe et de physicien et dont la lecture m'a fait un plaisir singulier. J'en ai aussi présenté

(1) Voici un fragment de lettre adressée par le ministre au géographe qui semble indiquer que leurs rapports étaient assez suivis. « Je n'ai pas encore pu faire publier mon discours académique sur le gouvernement Prussien, parce que le temps m'en a manqué pour y mettre encore la dernière main. Je suis dans une situation que personne ne connaît au dehors, étant obligé de faire les fonctions de ministre secrétaire d'état et en quelque sorte de commis, dans un temps où la Prusse prend une grande part à toutes les . .aires de l'Europe. Je vous suis fort obligé des soins que vous avez pris pour faire connaître mon recueil d'écrits publics, et je ne cesserai d'être avec une estime particulière votre très humble et très obéissant serviteur. » 30 janvier 1790.

(2) La lettre originale appartient à M. Fourier, de Dijon, qui nous l'a gracieusement communiquée.

un exemplaire au Roy. S. M. en a été très satisfaite, et m'a chargé de vous en faire ses remerciements. Elle a aussi agréé sur mon rapport que vous soyez élu membre externe de l'Académie, ce qui a été fait par unanimité dans une assemblée particulière, et j'ai annoncé cette élection avant-hier dans une assemblée publique de l'Académie. Vous la trouverez bientôt dans les gazettes de Berlin et. de Clèves. Je vous enverrai le diplôme (1) d'Académicien par la première occasion de quelque courrier qui se présentera. J'ai été très charmé d'avoir pu vous faire rendre ce témoignage public de l'estime du Roy et de notre Académie pour votre personne.

Ce n'était pas alors un honneur vulgaire que de faire partie d'une académie, et surtout de l'académie de Berlin, que recommandait la mémoire, encore si populaire, de l'ami de Voltaire, du roi philosophe Frédéric II. Robert se montra

(1) Le diplôme dont parlait Hertzberg parvint à son adresse. Il a été conservé. Nous l'avons tenu entre nos mains. Voici quelle est sa rédaction : Auspiciis Serenissimi ac potentissimi Frederici Guillelmi II, Regis Boruss, Elect. Brandemb., Duc Supr. Siles., etc., Regiæ Scient. et Litt. Acad. Boruss. Protectoris Clementissimi Virum illustrissimum, suisque titulis condecorandum, D. Franciscum Robertum, geographum regis Francorum, in regiam nostram Academiam, hoc diplomate suscipimus ; eumque honore, privilegiis et beneficiis Academicorum ordini concessis rite ornamus. Cujus rei, ut plena fides exsistat, ex decreto Academiæ in. acta relato, hasce litteras sigillo publico subscriptione solita munitas expediri jussimus. Berolini die 25 septembris, anno 1789. Lo sceau, annexé au diplôme figure un aigle volant vers les étoiles avec cette devise : Cognata ad sidera tendens.

toute sa vie fort honoré de cette preuve d'estime, à laquelle il fut d'autant plus sensible qu'il ne l'avait pas sollicitée.

Un autre corps savant, de haute réputation scientifique, tint à honneur de compter Robert au nombre de ses correspondants. Ce fut sur la recommandation expresse du cardinal de Bernis (1), notre ambassadeur à Rome, et sur la désignation du grand astronome Lalande, que l'Institut de Bologne le choisit comme membre étranger. Voici la lettre (2) très flatteuse que lui adressa, pour lui notifier sa nomination, le secrétaire perpétuel de l'Institut, Cantezzani :

L'Académie de l'Institut s'étant assemblée aujourd'hui pour remplir trois places d'académiciens étrangers, j'ai eu l'honneur de lui présenter les témoignages rendus à votre mérite par un personnage aussi respectable que monseigneur le cardinal de Bernis et par un académicien aussi cher et aussi honorable que M. de Lalande. Nonobstant la liste nombreuse d'étrangers qu'elle avait en vue

(1) Comme preuve des bonnes relations qui existaient entre Robert et le cardinal de Bernis, qu'on nous permette de citer le billet suivant qui nous a été communiqué par notre collègue, M. Dietsch : « Si M. Robert veut bien prendre la peine de faire à l'évêque de Senlis l'honneur de passer chez lui, demain lundi, vers les six heures du soir, il lui communiquera une lettre de M. le cardinal de Bernis. — Paris, ce dimanche 27 juin — A Monsieur, Monsieur Robert, géographe du Roy, rue Saint-Dominique, près la rue d'Enfer. »

(2) Cette lettre nous a été communiquée par M. Dietsch, de Dijon.

de longtemps, elle n'a pas hésité un moment
à saisir l'occasion de marquer à ce sujet son empressement, et d'orner son catalogue d'un nom
aussi illustre que le vôtre. C'est ce que l'Académie
m'a chargé de vous annoncer en vous priant, Monsieur, de vouloir bien agréer cette agrégation faite
du consentement unanime de tous les Académiciens et la regarder comme un hommage bien juste
prêté au talent et au mérite qui vous distinguent.
Je suis charmé, Monsieur, d'avoir l'occasion de vous
marquer en mon particulier les sentiments d'estime
et de respect avec lesquels j'ai l'honneur d'être
votre très humble et très obligeant serviteur...

Bologne, 10 juillet 1790.

Robert n'oublia jamais que deux des corps
savants les plus estimés de l'Europe l'avaient
honoré de leurs suffrages, et il conserva toujours
des relations amicales avec ses collègues de
Berlin et de Bologne. Le ministre Hertzberg
resta son ami, et lui témoigna en toute circonstance un vif intérêt. Il lui adressa même plusieurs
lettres, dont une fort curieuse, où il lui explique
les causes de sa retraite, et qui n'est pas sans
intérêt pour la politique générale de l'Europe.
Aussi ne croyons-nous pas inutile de la publier (1)
dans son intégralité :

Il y a longtemps que je n'ai pas eu de vos nouvelles, surtout depuis la Révolution. J'espère
pourtant que vous êtes encore en vie et dans une

(1) Lettre appartenant à M. Fourier de Dijon.

bonne situation. Vous aurés appris par la voix
publique que j'ai quitté le ministère prussien et
que je n'ai retenu que la curatèle de l'Académie
des Sciences, la direction de la culture de la
soie nationale et l'usage des archives, pour
employer le reste de ma vie à écrire une histoire
vraie et pragmatique de Frédéric II. Je doute que
vous en sentiés la véritable raison. C'est qu'on a
engagé le Roi à abandonner le système politique
de Frédéric II et à s'allier étroitement avec la cour
de Vienne. Comme on savoit que je désapprouve-
rois ce système, le regardant comme préjudiciable
et même destructif pour la Prusse, qui moyennant
cela descend de la première dans la troisième
classe des puissances, on a commencé à m'adjoin-
dre deux ministres de cabinet, et on ma (sic) tellement aliéné la confiance du Roi et fait des choses
si contraires à mes principes que j'ai cru mieux
faire (sic) de demander mon congé du département
des affaires étrangères, et résigner mes apointe-
ments et de me borner aux objets susdits. Si
vous connoissés le prince de Gonzague qui demeure
à Paris, vous pourrés lui demander plus de parti-
cularités, que je lui ai fait parvenir, et il vous
les communiquera bien en vous faisant voir cette
lettre. Vous pourrés aussi en apprendre une partie de M. le Major de Lauthier, officier françois,
qui vous remettra cette lettre avec un exemplaire
de mes derniers trois discours académiques, dont
le dernier traite des révolutions. Vous sentirés
bien que je n'ai pas voulu traiter cette matière que
historiquement sans m'ouvrir d'une manière trop
décidée sur votre révolution française, quoique un

de mes amis d'ici se soit avisé de faire mettre dans une gazette de Paris, que par mon dernier discours je m'étois révélé comme un propagandiste décidé. Vous en jugerés par la lecture de mon dernier discours académique et par les deux précédents, qui doivent prouver que je suis porté pour une monarchie modérée.

Je ne doute pas qu'on aura beaucoup critiqué la politique de la cour de Berlin, surtout pendant les deux dernières années; mais ce n'est pas ma faute. C'est que mes envieux ont renversé et fait échouer mes meilleurs plans qui étaient faciles et justes, et auraient mis la monarchie Prussienne à la tête de l'Europe. Vous en trouverés de bons aperçus dans le troisième tome de mes écrits publics, qui paroitra bientôt, et dont je tacherai de vous faire parvenir un exemplaire.

Je me porte parfaitement bien dans un âge de 66 ans et je souhaite que vous en fassiez autant. Je ne cesserai pas d'être avec une considération particulière, Monsieur, votre très humble et très obéissant serviteur.

Hertzberg.

Berlin, le 22me novembre 1791.

Apostille. Est-ce que vous avés épousé une demoiselle Keraglio? On m'écrit de Paris: demoiselle Keraglio, aujourd'hui Madam. Robert, amie de la baronne d'Adler, etc.

Malgré les causes de dissentiment, hélas trop

nombreuses qui séparèrent la Prusse de la France au commencement du XIXᵉ siècle, Robert tint à honneur de conserver des relations d'amitié ou tout au moins de courtoisie avec ses collègues de l'académie de Berlin. Il leur envoya régulièrement tous ses ouvrages, et les secrétaires de l'académie lui en accusèrent réception avec empressement ; on a conservé deux des lettres échangées à ce sujet. Elles m'ont été communiquées par notre collègue M. Dietsch. Dans la première, datée de Berlin, le 18 juillet 1796, le secrétaire perpétuel de l'académie, Forroy (1), remerciait Robert de l'envoi de quelques ouvrages: « Votre lettre du 16 juin a été présentée à l'Académie le 30, et lui a rappelé avec plaisir et intérêt un de ses membres, du choix duquel elle s'est toujours applaudie, et pour l'existence politique duquel elle avait plus d'une fois tremblé, dans les temps de vandalisme et d'anarchie qui ont déchiré la France civile et littéraire. Vous nous donnez, Monsieur, un nouveau signe de vie, et de nouvelles preuves de votre activité et de vos travaux.

L'Académie recevra avec reconnaissance et avec distinction l'ouvrage que vous lui offrez et qui, sortant des mains de l'auteur du voyage de la Suisse, fera d'un traité de géographie sec et

(1) Cette lettre est adressée à M. Robert, géographe de l'Académie Royale des Sciences et Belles-Lettres de Berlin. Paris, rue de Grenelle, Maison de Parthemont.

monotone un itinéraire intéressant. » — Forroy lui apprenait ensuite que le comte Hertzerg, qui venait de mourir, n'avait pas composé la vie, promise par lui, de Frédéric II; il le raillait doucement sur les prétentions politiques de son ami le prince de Gonzague, et terminait « en le priant d'agréer, avec les remerciements et le tendre souvenir de l'Académie, l'assurance de ses sentiments personnels de considération et de dévouement. »

La seconde lettre fut adressée à Robert par Frolloy, secrétaire perpétuel de l'Académie de Berlin pour la section des mathématiques. La voici :

Berlin, le 30 octobre 1818.

MONSIEUR,

Ce n'est pas un devoir des hommes de lettres associés à l'Académie de présenter leurs ouvrages à ce corps, et l'Académie ne peut pas indiquer des voies pour les envoyer, mais, puisque vous avez pris déjà la peine de vous adresser au ministre de sa Majesté Prussienne pour en chercher et que l'Académie reçoit les ouvrages qui lui sont offerts par les auteurs, j'ai prié Monsieur d'Oelsner, conseiller de légation de sa Majesté Prussienne, de vouloir bien les recevoir de votre part. Veuillez donc les faire remettre chez lui (Passage du Cendrier, n° 28), si vous tenez, Monsieur, à ce qu'ils parviennent à l'Académie. Monsieur d'Oelsner aura la complaisance de les faire expédier et l'Académie recevra sans doute avec plaisir l'ouvrage de votre part, Monsieur, dont vous aurez enrichi la géographie, comme votre nom est connu à tous ceux qui la cultivent.

Agréez l'assurance de la considération distinguée avec laquelle j'ai l'honneur d'être, Monsieur, votre très humble serviteur.

FROLLOY,

Secrét. perp. de l'Ac. de Berlin
pour la classe des mathém.

M. Robert, géographe ordinaire du roi, rue de l'Abbaye, n° 12. »

L'Institut de Bologne resta également en relations suivies avec notre compatriote. Voici une lettre à lui adressée par son correspondant (1) habituel, le secrétaire Sébastiani Cantezzani. Elle est datée du 25 novembre 1796. Robert se trouvait alors à Paris. Il avait d'abord logé, comme l'indique la suscription de la lettre, dans la rue de Grenelle, maison de Parthemont, mais il venait de changer de domicile, et la poste lui avait renvoyé la lettre de Cantezzani à sa nouvelle adresse, rue du Colombier 1338.

MONSIEUR,

Les vacances de l'Académie avaient déjà commencé lorsque j'ai reçu le paquet qui contenait votre second mémoire et la lettre du 18 juin. Je n'ai donc pu en faire le présent à l'Académie qu'à

(1) Lettre communiquée par M. Diestch.

sa rentrée. C'est pour cela, Monsieur, que j'ai différé jusqu'ici à vous en faire les remercîments les plus vifs de la part de l'Académie.

Elle est très sensible aux bontées (*sic*) que vous lui témoignez, et se félicite d'avoir en son sein un sujet qui aux talens qu'elle admire en vos ouvrages sait joindre des qualités de cœur aussi humaines et bienfaisantes, que celles que vous avez fait paraître pendant votre administration du département de la Côte-d'Or.

J'espère que vous aurez reçu en son temps la lettre que je vous adressai le 14 juin passé par commission de l'Académie, lorsque je lui eus présenté votre premier mémoire. J'avais prié le citoyen Louis Savidi de vous prévenir sur le retard de la réponse que je vous fais maintenant ; mais je ne sais pas s'il a eu l'heureux hasard de vous trouver. C'est un des membres de notre Institut, et son nom est célèbre par les pièces lyriques d'un genre nouveau qu'il a publié (*sic*) et par ses *Annales de Bologne* qui n'ont rien à envier aux *Annales* de Tacite. Si vous avez occasion de le voir, je vous prie de lui rappeler mon respect. L'Académie attend avec impatience votre dictionnaire géographique, et souhaite le moment où la paix redonne à la France et à l'Italie cette tranquillité dont le progrès des sciences et des arts ne peut se passer.

J'ai l'honneur d'être avec les sentiments d'estime et de respect, Monsieur, etc.

Sébastien CAUTEZZANI

Secrétaire de l'Institut.

Bologne, ce 25 novembre 1796.

Ce n'est pas à l'étranger seulement que Robert recueillait des témoignages d'estime. Dès l'année 1795 la Convention l'avait porté sur la liste des gens de lettres auxquels elle accordait des secours, pour les récompenser de leurs travaux et de leurs découvertes. Lakanal avait même informé Robert, par une lettre en date du 30 pluviôse an III, que la pension serait pour lui de 1,500 francs. Le décret du 27 germinal an III convertit en loi cet arrêté, mais par suite d'une erreur administrative dont il ne serait que trop facile de citer des exemples analogues, et cela dans un pays aussi administré que le nôtre, la pension fut payée à la veuve de Didier Robert de Vaugondy, également géographe ou plutôt cartographe très estimable, mort depuis neuf ans. La veuve ne réclama pas. Robert, autorisé par la lettre de Lakanal, adressa une pétition (1) au comité d'instruction publique pour obtenir le rappel en sa faveur de la pension votée. Il établissait ses titres sur « quinze années de sa vie employées à des voyages à ses frais pour les progrès et l'avancement de la géographie ; sur des ouvrages philosophiques traduits en diverses langues, et nourris de maximes utiles à l'humanité, qui ont pour leur part préparé, mûri et amené l'époque de la révolution. » Ajoutons,

(1) Une brochure in-8, 8 pages.

pour la rareté du fait, que l'administration reconnut ses torts et les répara dans la mesure du possible, mais seulement trois ans plus tard.

Voici en effet la lettre (1) adressée à ce sujet le 18 messidor an VI (1798) par le ministre des finances Ramel aux commissaires de la Trésorerie nationale : « Le citoyen Robert, géographe, a obtenu, citoyens commissaires, une pension sur l'état en considération des découvertes utiles qu'il a faites par lui-même dans différentes parties du globe, et comme encouragement pour les travaux qu'il a entrepris et qui doivent perfectionner cette branche intéressante des sciences. Il réclame aujourd'hui les arrérages échus de cette pension, dont le paiement le mettra à même de publier différents ouvrages qui sont retardés par le défaut des moyens pécuniaires de l'auteur. La protection que le gouvernement doit aux lettres et aux arts sont *(sic)* des motifs puissants pour accélérer autant que possible l'acquit des sommes dont l'emploi doit être utile aux sciences. Je vous invite, citoyens commissaires, à prendre en considération la demande du citoyen Robert et à faire payer ce qui peut lui être dû sur le premier semestre, de l'an V et même sur le deuxième semestre dans le cas où le premier aurait été acquitté. »

(1) Lettre communiquée par M. Fourier de Dijon.

Ainsi que le reconnaissait le ministre des finances, Robert avait en effet tourné son activité
sur des sujets multiples. Les ballons, ou plutôt les
montgolfières venaient d'êtres découverts, et déjà
on s'était appliqué à trouver l'art de les diriger.
L'Académie de Lyon, sur la proposition de Fles-
selles, intendant de la généralité, et du marquis
de Saint-Vincent, avait proposé un prix extraordinaire « à celui qui indiquerait la manière la
plus sûre, la moins dispendieuse et la plus efficace de diriger à volonté les machines aréosta-
tiques. » Robert se mit à l'œuvre, et, avec une
désinvolture digne du sujet qui l'inspirait, trouva
tout de suite la méthode réclamée. Il rédigea
donc son mémoire (1) et s'empressa de l'envoyer
à l'Académie de Lyon. Il proposait d'appliquer à
la montgolfière l'éolipyle déjà connu depuis
longtemps ; à la poupe de la montgolfière seraient
adaptés trois vases de cuivre remplis d'eau et
trois fourneaux destinés à convertir cette eau
en vapeur quand on veut aller à l'orient, on n'a
qu'à suspendre le feu du même côté, aussitôt
augmentera l'action de l'éolipyle. De même
pour l'occident ; s'agit-il de retourner sur ses
pas, on ne mettra en mouvement qu'une seule

____

(1) *Mémoire présenté à l'Académie des sciences, arts et belles-
lettres de Lyon sur la manière la plus sûre, la moins dispendieuse et la plus efficace de diriger les machines aérostatiques,*
1 vol. in-8. Dijon, Capel, 2 janvier 1784.

des trois machines, qui décrira aussitôt un mouvement circulaire, etc. Robert n'avait oublié que les moyens pratiques d'avoir à sa disposition de l'eau pour la convertir en vapeur, et surtout de prévenir un incendie par suite de la présence de ces trois fourneaux allumés. Aussi les mauvais plaisants eurent-ils beau jeu à se moquer de sa prétendue invention. Nous avons eu entre les mains une chanson composée à cette occasion par un de ces nombreux auteurs de couplets satiriques, dont la Bourgogne n'a jamais manqué. Elle est intitulée *Dialogue entre un matelot aérien et un matelot marin sur le départ du ballon*. On nous permettra de ne citer qu'un couplet de cette rhapsodie, dont le seul mérite est d'avoir été inspirée par un événement tout local (1).

Tu sais qu'un géographe habile
D'un Eolipyle
Veut qu'on fasse essai
Et répond du succès.
C'est un secret, comme de sa physique
Qui toujours s'applique
A donner ses soins
Dans nos pressants besoins.

On ne sait si l'Académie de Lyon goûta le pro-

(1) Manuscrit Clément-Janin, n° 159. Recueil de chansons locales. Ce manuscrit nous a été communiqué par le fils de notre regretté collègue, M. Noël Clément-Janin.

jet de Robert ni si elle lui attribua le prix proposé. En tous cas notre compatriote fut mieux inspiré quand il tourna son activité vers des spéculations moins hypothétiques.

Partisan des nouveautés dans les sciences physiques, Robert, par une singulière contradiction, ne goûtait pas les innovations dans les mathématiques, Il se montra toute sa vie l'adversaire résolu du système métrique. Le 20 fructidor an VIII, il lançait même un véritable factum (1) contre le mètre, le kilomètre, et le gramme, mais, il faut bien le reconnaître, ses arguments ne portent pas : ce *telum imbelle sine ictu* ne frappa que celui qui l'avait lancé, et le système métrique a triomphé sans peine de cette opposition presque puérile.

Robert fut plus heureux dans sa petite guerre contre le calendrier républicain. Bien qu'il ne s'abusât pas sur les imperfections du calendrier grégorien, il trouvait que la Convention avait fait fausse route en décrétant l'adoption du Calendrier dit républicain. Il ne se contenta pas de poursuivre de ses mordantes railleries les nouvelles appellations, il voulut contribuer à les faire disparaître, et composa un mémoire (2) qu'il intitula : *Dans la régénération politique de la France,*

(1) Sur le nouveau système métrique, 1 broch. in-8, 20 fructidor an VIII.

(2) 1 broch. in-8. Dijon, 4 nivôse an VIII.

*convient-il de laisser subsister le nouveau ca-
lendrier ?* Il n'eut pas de peine à démontrer qu'il
contrariait les opérations financières et ne concor-
dait pas avec les époques de la récolte, de telle sorte
qu'on pouvait avoir telle année, aux mois correspondants à septembre et octobre, deux récoltes
de vin et l'année suivante pas une. En outre les
jours complémentaires détruisaient la coïncidence
du retour des quatre saisons, et prêtaient à des
contestations sans fin sur toutes les conventions
faites au mois. Les dénominations de ces mois
étaient inexactes et mensongères. Personne n'a-
vait accepté la fixation des jours de repos au
décadi, et la nécessité s'imposait d'observer le
dimanche. Robert conclüait en demandant le
retour pur et simple aux anciens usages : « De
tels moyens sont indignes de vous, ajoutait-il,
indignes de la nation faite pour aspirer à être la
première nation du monde. Exsuscitez la morale
sans laquelle il n'y aura jamais ni ordre, ni
tranquillité, mais souvenez-vous que le peuple ne
reçoit la morale que par la religion. » On sait en
effet que le calendrier républicain fut jugé par
les plus éminents astronomes français de l'époque (1), Laplace, Delambre, Lalande, Lagrange,

(1) Tondini de Quarenghi, *Influence du Calendrier Républicain*
(Nouvelle Revue, 1889). — Richard, *Traité de la Sphère et
du Calendrier*, 1806. — Laplace, *Exposition du système du
monde. — Du temps et de sa mesure.* — Delambre, *Astronomie
théorique et pratique*, 1814.

Prony, Legendre, comme une œuvre hâtive, isolant la France du reste du monde, et formant un obstacle à l'adoption si désirable d'un même calendrier par les différents peuples. Aussi Napoléon fut-il bien inspiré lorsque, sous prétexte de faciliter les relations avec les autres puissances Européennes, il décréta le retour pur et simple au calendrier grégorien ; nous ne pouvons cependant nous empêcher de reconnaître que le retour à l'ancien ordre de choses constituait un fâcheux recul, et il serait vraiment par trop facile de prendre la contrepartie des objections présentées par Robert, et de démontrer à notre tour que la réforme du calendrier actuel s'impose.

Bien qu'il s'aventurât de temps à autre sur le terrain de la physique ou des mathématiques (1), la science favorite de Robert fut toujours la géographie. Sans parler des éditions successives de ses ouvrages antérieurs, il composa (2) en 1790 une *Description historique, physique et géographique de la France divisée en départements, subdivisée en districts;* mais nous n'avons pu

(1) Robert s'occupait aussi d'histoire naturelle. Une vieille paysanne de Bézouotte se rappelle que, tout enfant, elle cherchait pour « le vieux savant » des coquillages, sans doute des fossiles, ammonites ou autres, que l'on rencontre en effet assez fréquemment dans toute cette partie de la Bourgogne.

(2) 1 vol. in-4, 1790. Cet ouvrage n'est cité que par la Biographie Michaud, article Robert.

retrouver cet ouvrage, qui fut assurément une des premières, sinon la toute première description de la France nouvelle.

Excité et encouragé par le succès de ses précédents ouvrages, il forma le plan d'un vaste *Dictionnaire géographique*, qui devait être comme le résumé des connaissances courantes, et pour la rédaction duquel il mettrait à contribution non seulement les écrivains et les voyageurs qui l'avaient précédé, mais aussi les relations contemporaines. Ainsi qu'il l'écrivait de Mirebeau, le 18 décembre 1802 (1), à son éditeur, le libraire Genet, rue Dauphine, n° 5 :

« Je suspendrai pour cela le travail du *Dictionnaire géographique* dont je suis exclusivement occupé depuis quinze ou seize ans et qui est destiné à enterrer celui de Vosgien. Rédigé d'après douze mille lieues de voyages tant en Europe qu'au dehors, et dix-huit années de ma vie que j'y ai employées, ce sera le premier ouvrage neuf en ce genre qui ait paru depuis la renaissance des lettres. J'ajouterai que le ministre des relations extérieures s'est empressé de m'offrir la communication de toutes les archives de son ministère pour y puiser tous les renseignements dont je pourrais avoir besoin. Enfin la

---

(1) Cette lettre paraît n'être qu'un brouillon, car elle se termine brusquement, et n'est pas signée. Pourtant la suscription est déjà faite.

plupart des états qui nous avoisinent ayant changé de face par le fait de la révolution, je suis décidé à y recommencer mes voyages ; ce qui aura lieu au sortir de l'hiver, muni de lettres de recommandation du gouvernement auprès des différentes cours où se dirigent ces nouveaux voyages, rendus indispensables par les circonstances.

Cet ouvrage sera une des plus grandes entreprises qui aient été faites en librairie depuis un demi-siècle. Car il y a 400,000 exemplaires du Vosgien, jetés dans la circulation, qui tous, jusqu'au dernier, se trouvent aujourd'hui hors d'usage, et qu'on tenterait sans succès de réimprimer. C'est donc 400,000 exemplaires à remplacer et ceux-ci seront de 2 vol. gr. in-8. Vous concevés qu'il n'y a qu'une société de libraires bien connus qui puisse faire cette entreprise. Plusieurs m'ont déjà fait part de leur vœu à cet égard... »

C'est en 1802 que Robert écrivait ainsi à son éditeur : c'est en 1818 seulement que parut la première édition de l'ouvrage auquel il travaillait depuis si longtemps. Il était intitulé (1) : *Dictionnaire géographique d'après le recés du congrès de Vienne, le traité de Paris du 20 novembre 1815 et autres actes publics les plus récents.* Une seconde édition fut donnée en 1822.

______

(1) 2 volumes in-8. Paris, A. Eymery, 1818 et 1820.

Sauf quelques cartons, elle reproduit la première. La troisième édition (1), de 1825, reproduit simplement la seconde : Elle est cependant donnée comme « revue avec soin et considérablement augmentée. »

Le nouveau travail de Robert ressemble beaucoup à la Géographie moderne qu'il avait donnée quarante ans auparavant. On y retrouve sans doute les mêmes scrupules d'exactitude, et les changements territoriaux, hélas trop nombreux! sont tous indiqués en leur lieu et place, mais ce dictionnaire n'est qu'un dictionnaire, c'est-à-dire une énumération froide et monotone de noms propres. En dépit de ses espérances, Robert n'avait rien innové et il ne réussit pas à détrôner Vosgien. Aussi bien, même en Bourgogne, tant il est vrai que nul n'est prophète en son pays, le nouveau travail du géographe ne fut guère apprécié : C'est en vain que nous avons cherché à la Bibliothèque municipale de Dijon, pourtant si riche en ouvrages composés par des Bourguignons, ce dictionnaire sur lequel comptait tant Robert pour fonder définitivement sa réputation.

Il est vrai que Robert n'était plus là pour recommander son travail. Il n'avait même pu en surveiller jusqu'au bout l'impression, car c'est

(1) Paris, Bouquin de la Souche.

le 5 mai 1819 qu'au cours d'un de ses voyages, il avait terminé sa laborieuse carrière, dans la petite ville saxonne d'Heiligenstadt. Il avait alors quatre-vingt-deux ans. Il était déjà presque oublié de ses contemporains. Nous n'avons retrouvé dans les journaux de l'époque aucune notice nécrologique sur son compte. Aussi nous estimons-nous fort heureux d'avoir essayé de remettre en lumière ce travailleur obstiné, dont il nous reste à retracer le rôle politique et artistique.

II

ROBERT ET SON ROLE POLITIQUE

Dans la première moitié de sa vie, Robert ne s'occupa de politique que par occasion, et uniquement parce que ses études le poussaient dans une direction déterminée. Aussi n'attacherons-nous pas plus d'importance qu'il n'en attachait lui-même à son *Aperçu sur la situation politique de l'Europe*, ou à sa *Lettre au comte de Montmorin, sur la défection du Rhingrave de Salm et l'entrée des Prussiens en Hollande.* Pourtant il ne se désintéressait pas des grands problèmes qui agitaient alors l'opinion. Partisan des idées nouvelles, il crut devoir sacrifier à la mode du temps, et exposa ses idées financières dans une brochure, qui parut le 6 avril 1789, *Sur la dîme seigneuriale et la dîme Ecclésiastique.* Rien de saillant d'ailleurs dans cet opuscule, où Robert conseillait aux privilégiés de renoncer aux dîmes pour prévenir une révolution imminente. S'il n'avait jamais composé que ces brochures de circonstance, il aurait été confondu dans la multitude des citoyens qui firent alors «gémir la presse.» A vrai dire Robert ne s'était occupé sérieusement avant 1791 que d'une seule question politique, ce qu'on pourrait appeler la question de la succession de Mantoue. Un des personnages politiques avec lesquels Robert eut d'étroites relations était en effet le prince de Gonzague Castiglione, descendant de la famille ducale, dépossédée par l'Autriche du duché de Mantoue et par la Sardaigne de la principauté de Montferrat. Les Gonzague n'avaient pas renoncé à faire valoir leurs droits, et ils les plaidaient à chaque congrès avec une obstination qui eût mérité une récompense, si la raison du plus fort n'eût été d'ores et déjà la meilleure. Le prince avait prié son ami Robert d'intercéder en sa faveur auprès des ministres de France et de Prusse, afin de les déterminer à une action diplomatique. Un de nos collègues, M. Grigne, avait récemment en sa possession deux lettres adressées par le prince à son ami Robert. Parmi les raisons que le prince jugeait capables d'agir sur l'esprit de Louis XVI figure la suivante; nous ne la rapportons que sous toutes réserves, et à cause de la singulière allégation qu'elle renferme (1): « J'ose vous le dire, Monsieur, j'ay quelque droit à l'amour des François. C'est à un

(1) Lettre communiquée par M. Grigne.

prince de ma maison, c'est à Louis de Gonzague,
duc de Nevers, que la maison royale de France
doit sa conservation. Vous savez que la veille
de la Saint-Barthélemy il fut question dans le
conseil d'une reine sanguinaire et voluptueuse
de faire mourir le prince de Condé et le roi de
Navare devenu ensuite Henri IV. Louis de Gonzague seul s'y opposa avec la fermeté d'un héros,
et préserva la nation française d'une douleur
éternelle. »

La reconnaisssance n'a jamais été pour les
souverains un fardeau bien lourd : mais il paraî-
trait que l'héritier d'Henri IV goûtait peu cette
politique sentimentale ; car non seulement il ne
fit rien pour le succcesseur de Louis de Gonzague, mais encore il le rebuta si bien que le
prince, en désespoir de cause, s'adressa à la
Prusse. Le ministre dirigeant la politique Prussienne était alors le comte de Hertzberg. Robert
le connaissait particulièrement. Il avait échangé
ses ouvrages avec les siens, et contribué à faire
connaître par divers articles les écrits politiques
du ministre. Sollicité par le prince de Gonzague,
il écrivit donc à Hertzberg pour le prier d'intervenir en sa faveur. C'était en janvier 1790.
Hartzberg lui répondit (1) par des compliments,

(1) Lettre appartenant à M. Fourier, de Dijon, notre collègue,
et communiquée par lui.

mais ne voulut rien promettre. « M. le prince de Gonzague est aussi membre de notre Académie, et il a lu dans des séances publiques deux discours fort intéressants et qui ont été fort applaudis ici. Il est fort bien vu à notre cour, et on fera pour lui ce que les circonstances permettront. »

Robert ne se tint pas pour battu. En pleine République, il intervenait encore en faveur de son ami, et publiait une brochure (1) *sur l'état éventuel du duché de Mantoue*, où il essayait de démontrer la validité des droits de la maison de Gonzague ; mais le vent de la Révolution, qui soufflait alors sur l'Europe, avait ébranlé des couronnes autrement solides que celle que réclamait le prince de Gonzague, et, dans la mêlée confuse des revendications territoriales et des compétitions nationales, qui donc se souciait de ce petit prince et de ses prétentions surannées ? La question de Mantoue ne fut même pas soulevée ; mais Robert n'en eut pas moins le mérite de rester fidèle à ses amitiés et de lutter jusqu'au bout pour le triomphe d'une cause qu'il croyait bonne.

Robert était si convaincu de la légitimité de la cause qu'il défendait qu'il profita du rétablissement des bons rapports entre la Prusse et la

______

(1) 1 broch. in-8. Paris, 26 prairial an IV.

France après la paix de Bâle pour essayer d'intéresser, à défaut de Hetzberg mort le 25 mai 1795, l'Académie de Berlin à la succession de Gonzague. Il lui adressa donc le mémoire qu'il venait de composer. Le secrétaire perpétuel de l'Académie, Forroy, était un homme d'esprit. Il lui répondit (1) avec une légèreté de touche et un tact qu'on n'est pas habitué à rencontrer sous la plume d'un Prussien. « L'état éventuel du duché de Mantoue étant une tentative politique et éventuelle, vous sentez, Monsieur, que l'Académie n'ose faire aucun usage du mémoire imprimé que vous avez eu l'attention de lui communiquer littérairement. L'intérêt qu'inspire le prince de Gonzague, et comme prince et comme académicien, doit se borner pour notre société à le féliciter de ses succès après l'événement. Mais ce n'est pas à des Français qu'il est besoin de dire combien les Muses ont de raisons de s'abstenir de toute politique. »

Robert aurait peut-être bien fait de suivre ce conseil, et de se cantonner dans ses études scientifiques, mais, comme tant d'autres, il voulut jouer un rôle actif dans les événements contemporains, et se jeta à corps perdu dans la mêlée politique. Il ne devait y éprouver que des ennuis et des déceptions.

(1) Lettre datée de Berlin, 18 juillet 1796, communiquée par M. Dietsch.

A travers les événements assez confus, qui marquèrent les premières années de la Révolution, le rôle politique de Robert est difficile à déterminer. Il fut successivement revêtu de fonctions importantes, maire de sa commune natale, Bézouotte, administrateur du district de Dijon et du département de la Côte-d'Or, membre du Conseil des Cinq-Cents, et il les remplit toutes avec honneur ; car il ne laissa jamais passer une occasion d'exprimer franchement ses idées et de les soutenir avec énergie : ce qui n'était pas d'un médiocre courage à une époque aussi troublée. Il paraît également avoir toujours penché vers les mesures de douceur. Grand ami de la liberté mais non de ses excès, dévoué sincèrement aux idées nou relles, mais à condition que la loi fût toujours respectée, il usa de son influence et se servit de sa position pour venir en aide à bien des infortunes et sauver bien des innocents. Tel est du moins le témoignage que lui rendait l'auteur anonyme d'un article inséré dans un journal royaliste, qui n'eut que quelques numéros, car il fut balayé par la tourmente du 18 fructidor. Voici en effet ce que nous lisons dans le numéro 1 de la *Glaneuse,* à la date du 4 messidor an V (22 juin 1797) :

« Robert, député du nouveau tiers au conseil des Cinq-Cents, n'a pas trompé l'espérance de ses concitoyens. Il avait promis avant son dé-

part qu'il s'occuperait avec zèle, et le plus tôt
possible, du rétablissement de la morale et de la
religion, que de trop habiles chimistes ont mises
si impitoyablement dans le creuset révolutionnaire. Il s'est empressé de faire une motion
d'ordre sur ces objets importants ; il est vrai-
semblable qu'il suivra son projet avec l'énergie
qui le caractérise. Il a été en place aussi ce
Robert, pendant le régime de la Terreur, mais
pour prouver par sa conduite qu'il n'est point
de terreur qui puisse empêcher l'homme de
bien d'être juste et courageux. La Providence
sans doute a permis qu'il fût associé à des barbares pour arrêter la hache meutrière prête à
frapper plus d'un père de famille. Si cette feuille
tombe entre ses mains, puisse-t-elle lui rappeler
la peine qu'il a prise souvent, les démarches fur-
tives qu'il a faites quelquefois pour consoler
avec autant de respect que d'attendrissement
une épouse éplorée, une mère au désespoir. Le
souvenir du bien est à la fois la plus douce
récompense de l'avoir fait et le plus fort encouragement à le faire encore. »

Lorsque sera composée l'histoire de la Révolution en Bourgogne (1), et on ne la connaît encore
que par certains épisodes, il sera sans doute facile

(1) Nous ne pouvons en effet mentionner que pour mémoire
l'*Histoire de la Révolution à Dijon*, par LEDEUIL, 1 vol. in-8.
Paris, Dumoulin, 1872.

de retracer jour par jour la vie publique de Robert; mais rien ne s'efface plus vite que le souvenir d'une bonne action. Nous ne saurons donc jamais tout le bien qu'a fait notre concitoyen, sans bruit, et parce qu'il obéissait à sa conscience. Qu'il nous soit du moins permis de lui rendre une tardive justice, et de le remercier, avec l'auteur anonyme de l'article que nous venons de citer, des crimes qu'il a empêchés et des infortunes qu'il a consolées.

Comme nous ne cherchons en ce moment qu'à dégager les principaux éléments de la biographie de Robert, et que nous n'avons nullement la prétention de nous ériger en historien de la Révolution en Bourgogne, nous pensons que le moyen le plus sûr de nous rendre un compte exact de ce qu'a fait Robert en tant qu'homme public, de ce qu'il avait l'intention de faire, et de ce qu'il n'a pu exécuter, est de donner une rapide analyse des diverses brochures qu'il a publiées, et dont la plupart ont été conservées (1).

De ces brochures les unes présentent un intérêt général : nous nous contenterons de les mentionner : *À la Convention nationale sur cette ques-*

---

(1) Robert a réuni lui-même un certain nombre de ces brochures dans un volume qu'il a intitulé *Mélanges sur différents sujets d'économie politique.* 1 vol. in-8. Paris, Le Normand, an VIII.

4*

tion : Convient-il d'enlever aux hôpitaux les fonds immeubles destinés à leur entretien ? — De l'établissement des barrières sur toutes les routes, Paris, 26 brumaire an V. — Les autres ont trait à divers événements d'histoire locale. Le 10 pluviôse an II, étant alors administrateur du département, il adressait à la société populaire de Dijon une (1) *Lettre sur divers symptômes épidémiques observés à l'hôpital Cérutti.* Il parait qu'un grand nombre de prisonniers avaient été entassés dans les salles de l'hôpital, sans linge et presque sans lits. Une épidémie était menaçante, et, de l'hôpital, elle pouvait s'étendre à la ville. Robert demandait qu'on évacuât immédiatement les salles encombrées. Le même jour il adressait une lettre analogue au maire et aux officiers municipaux de la commune de Dijon. Son appel fut entendu. On dispersa les prisonniers et la ville fut préservée de l'épidémie.

Robert fut moins heureux dans ses tentatives pour régulariser le service des subsistances et pour assurer le fonctionnement des impôts. Il s'intéressait en effet à ces deux graves problèmes sociaux, et, comme il avait sur ces deux points un système bien arrêté, il avait rencontré des contradicteurs et des adversaires.

(1) Brochure in-8, de 7 pages. Dijon, Causse.

Bien avant que la Convention eût imaginé la terrible loi du maximum (27 septembre 1793 et 24 février 1794), par laquelle, établissant un rapport forcé entre la valeur nominale des assignats et la valeur réelle des marchandises, elle fixait le prix de toutes les denrées d'après les tarifs de l'année 1790, Robert avait essayé de prouver que le maximum aboutissait à l'injustice et à la ruine, car il portait directement préjudice au producteur, ou bien demeurait illusoire par le consentement des parties intéressées. Il avait même essayé de prouver par un exemple pratique les avantages de la méthode opposée. Nommé maire de la commune de Bézouotte le 9 décembre 1792 (1), il avait aussitôt organisé ce qu'on pourrait appeler un système de garantie mutuelle contre une famine possible. Les principaux citoyens s'étaient cotisés pour acheter de la farine, que l'on devait ensuite distribuer aux nécessiteux, mais à des prix fort modérés. Robert voulut étendre à la France entière le système qui avait réussi à Bézouotte. Il composa donc sur ce sujet deux factums dont voici les titres : *Rapport* (2) *sur les subsistances fait au Directoire*

(1) Extrait des délibérations de la commune de Bézouotte. Robert avait été nommé par 15 voix sur 26 votants. Ce renseignement et les suivants nous ont été fournis par M. Ferdinand Rey, qui a bien voulu consulter pour nous les registres municipaux de Bézouotte.

(2) Brochure in-8, 14 pages. Dijon, Causse.

du département de la Côte-d'Or par François Robert, membre du Directoire, et *Lettre à la Convention nationale sur la défectuosité du régime des subsistances* (1). En énumérant les causes du mal, il proposait le remède, et n'hésitait pas à demander le retrait du maximum. Il essayait même d'empêcher à tout jamais le retour des scènes fâcheuses qui avaient marqué dans la Bourgogne l'application de la loi, et proposait (2) d'organiser une administration spéciale contre les famines. D'après le projet de loi en onze articles qu'il rédigea, le droit de réquisition sur tous les produits de la terre aurait été donné à une administration centrale, et rien qu'à elle ; les réquisitions auraient été partagées proportionnellement entre les départements ; de grands magasins auraient été établis sur le derrière des armées ; les convois auraient eu lieu en dehors des temps de la récolte ; les grains auraient été répartis entre les départements ; toutes les transactions auraient été libres, sauf en temps de guerre, où l'exportation des grains à l'étranger aurait été défendue, à l'exception pourtant de la Suisse considérée comme terre française ; enfin des relais seraient établis de cinq lieues en cinq

(1) Brochure in-8. Dijon, Causse, an III.

(2) *A la Convention nationale la Société populaire de Dijon sur la nécessité d'organiser l'administration des subsistances.* 1 broch. in-8, 24 pages. Dijon, Causse, 20 vendémiaire an III.

lieues, pour assurer les approvisionnements des
armées en temps de guerre.

La plupart de ces mesures étaient fort sages.
Elles ont été depuis Robert adoptées et mises en
pratique : mais, en tranchant ainsi dans le vif,
Robert avait froissé bien des intérêts et contrarié
bien des amours-propres. Les accapareurs qui
avaient profité du maximum pour réaliser des
gains énormes ne lui pardonnaient pas son im-
mixtion dans leurs comptes véreux. Quelques
théoriciens dont il combattait les systèmes lui en
voulaient également de leur défaite sur le terrain des principes, entre autres le représentant
du peuple Manès, qui s'était signalé par l'âpreté
de ses réquisitions dans la Côte-d'Or et contre
lequel il avait rédigé une plainte éloquente (1).
De là contre Robert des haines et des rancunes
qui n'attendaient qu'une occasion pour se satis-
faire.

Cette occasion se présenta bientôt. Robert s'occupait depuis longtemps de la question finan-
cière. Nous avons déjà mentionné le travail qu'il
avait publié sur la dîme seigneuriale et la dîme
ecclésiastique (2) dont il demandait l'abolition. Ce

(1) *A Manès, représentant du peuple en mission dans l'Yonne,
sur les réquisitions en grains faites par lui au département de
la Côte-d'Or en faveur de celui de l'Yonne.* Dijon, 6 brumaire
an II.

(2) *De la dîme seigneuriale et de la dîme ecclésiastique.* Paris,
6 août 1789.

mémoire fut publié le 6 août 1789. Quelques heures auparavant, la Constituante avait prévenu ses désirs en décrétant l'égalité et l'abolition des privilèges. On avait détruit, il fallait remplacer : or les diverses assemblées qui se succédèrent en France n'avaient pas d'idées bien arrêtées sur l'assiette de l'impôt. Il était d'ailleurs fort difficile de régulariser l'action de l'état sur la fortune des citoyens et de répartir proportionnellement entre eux les charges publiques. Il en résulta des contradictions et des secousses qui compromirent l'ordre local. Robert fut un des premiers à élever la voix en faveur d'une réforme. Il était alors maire de la commune de Bézouotte. Trouvant, non sans raison, que telle catégorie de citoyens était surchargée d'impôts, et telle autre injustement exempte, il rédigea, le 12 janvier 1793, une *adresse sur l'impôt aux administrateurs du district de Dijon*, où il se plaignait de ce qu'on eût levé des impôts sans l'autorisation de la Convention, et de ce que ces impôts fussent inégalement répartis. Les ennemis de Robert l'accusèrent aussitôt d'être un mauvais citoyen et de prêcher la guerre civile.

Dès le 17 janvier 1793 il était suspendu de ses fonctions de maire et traduit devant l'accusateur public. Le mandat d'arrestation fut aussitôt lancé. Robert était alors à Bézouotte. Lorsque les agents du terrible maire de Dijon, le fameux

Sauvageot, se présentèrent pour l'arrêter, une vieille servante, une nommée Fanchette (1), dont on a conservé le souvenir dans sa ville natale, se dévoua pour sauver son maître. Elle servit à boire aux gendarmes, pendant que Robert, sous prétexte de faire une valise, s'enfuyait dans la campagne. Les gens de Bézouotte, qui se rappellent encore aujourd'hui la déconvenue des gendarmes, et auxquels la Fanchette aimait, paraît-il, à raconter sa belle action, prétendent que Robert se sauva jusqu'en Suisse. Il aurait donc émigré; nous croyons que Robert ne songea même pas à émigrer; on ne revenait pas facilement d'émigration, et Robert aima mieux attendre dans un asile sûr, mais en France, que des temps meilleurs fussent revenus. Il eut même le courage de ne pas renoncer à la lutte. Ce fut alors qu'il composa sa *Seconde adresse sur l'impôt au Directoire du Département séant à Dijon,* où il revendiquait hautement l'honneur de ses actes.

« J'ai fait entendre le langage de la vérité et du plus pur patriotisme; j'ai usé du droit inhérent à chaque citoyen, comme partie du souve-

(1) Cette tradition locale nous a été communiquée par M. Ferdinand Rey. Robert aurait du reste rendu hommage à la fidélité de sa servante en lui assurant par testament une rente viagère de 500 francs, à prendre sur la maison et les propriétés qu'il possédait à Bézouotte.

rain, de mettre sous les yeux de ses mandataires ce qu'il croit de vicieux, d'irrégulier, d'inconstitutionnel dans leur agence. J'ai dû le faire parce que le salut public était gravement compromis. Vous m'avez suspendu de mes fonctions de maire. Grâces soient rendues au ciel ! J'ai sauvé mon pays, et ce que j'endurerai pour la défense d'une si belle cause sera à jamais un titre honorable pour moi. »

Robert n'obtint pas les palmes du martyre qu'il semblait désirer. Le procès se termina à son avantage. Il fut acquitté, et le ministre de l'intérieur Garat intervint en personne pour demander sa réintégration comme maire. Il est vrai que les habitants de Bézouotte l'avaient prévenu dans l'expression de ce désir. Voici la délibération (1), aussi honorable pour ceux qui la rédigèrent que pour celui qui en fut l'objet, en vertu de laquelle le conseil municipal de Bézouotte réclama la réintégration de Robert dans ses fonctions de maire : « Citoyens administrateurs, salut. Par votre délibération du 17 janvier de la présente année : 1° Vous avez suspendu des fonctions de maire de Bézouotte notre concitoyen Robert, que notre confiance avait élevé à cette place; 2° vous l'avez, à la diligence de votre procureur-syndic, dénoncé à l'accusateur

(1) Communication de M. Ferdinand Rey.

public pour le poursuivre devant le tribunal criminel de Dijon au sujet des écrits qu'il a publiés sur les contributions. Notre respect pour les lois et votre autorité, en nous interdisant toutes réflexions et toutes représentations sur ces actes, ainsi que sur l'arrestation humiliante de sa personne qui en a été la suite, nous a fait un devoir de nous soumettre à votre arrêté et d'attendre la décision du tribunal qui devait prononcer entre lui et vous Nous avons appris par la voix publique que l'affaire était terminée et que le juré (sic) d'accusation, dans sa séance du 23 février dernier, n'ayant reconnu dans les écrits de Robert aucun des griefs que vous lui reprochez dans votre arrêté, l'avait déchargé de toute inculpation, en prononçant qu'il n'y avait pas lieu à accusation contre lui.... Cette décision en le déclarant non coupable nous paraît le rendre habile à reprendre les fonctions de maire dont vous l'avez suspendu, et dans lesquelles il nous semble que vous auriez dû le réhabiliter aussitôt le jugement prononcé. Nous vous demandons donc d'autoriser, par une délibération authentique, le citoyen Robert à rentrer dans ses fonctions de maire de la municipalité de Bézouotte. Nous vous le demandons au nom de la la justice que vous devez à ce citoyen. Nous vous le demandons par la confiance que vous devez nous inspirer pour votre administration, en nous prouvant par cet acte de justice que le désir du bien public est le seul mobile qui vous dirige, et que, s'il peut quelquefois vous égarer, vous savez réparer vos erreurs aussitôt que vous les connaissez. Nous vous le demandons pour l'intérêt particulier de notre commune dont les affaires languissent par l'absence de son maire... Signé : J. Perrier, Guillier, Simonot, Perrin, Chatron (1). »

Ce n'était pas une satisfaction suffisante. Non seulement Robert fut réinstallé dans ses fonctions, mais, quelques semaines plus tard, il fut promu administrateur du département (31 mai 1793). Ses ennemis ne désarmèrent pas pour autant. Il y avait alors à Dijon au moins trois partis en présence : les exaltés, sous la conduite du maire, le chapelier Sauvageot, soutenus et encouragés par le fameux club des amis de la Constitution, autrement dit des Jacobins ; venaient en seconde ligne les modérés, c'est-à-dire les bourgeois, très libéraux et décidés à briser les liens du passé, mais résolus également ment à ne pas tomber dans l'anarchie ; en

(1) Extrait des registres municipaux de Bézouotte, 25 frimaire an II : « Comme la voix du peuple a appelé le citoyen Robert aux fonctions d'administrateur du département de la Côte-d'Or, l'incompatibilité de deux fonctions le met dans la nécessité de déposer sa démission de maire de Bézouotte, en témoignant tous ses regrets de ne pouvoir plus en exercer les fonctions. » — Communication de M. Rey.

troisième ligne les Royalistes ou Réveilleurs, ainsi nommés parce qu'ils avaient choisi comme cri de ralliement le chant du Réveil du peuple. De ces trois partis, le premier, grâce à la farouche énergie de Sauvageot, soutenu d'ailleurs par les représentants du peuple en mission, Fouché, Prost, Léonard, Bourdon, Bernard de Saintes, l'avait immédiatement emporté sur les deux autres, et il avait abusé de son triomphe pour s'imposer par la terreur. Les administrateurs du district et du département n'existaient pour ainsi dire plus, la magistrature avait été si souvent épurée qu'elle était réduite à l'impuissance, la municipalité elle-même était annihilée. Le grand maître de Dijon était Sauvageot. Même après la chute de Robespierre, rien ne se faisait qu'après avoir été décidé par le cénacle des purs, qui, sous la conduite de Sauvageot, délibérait volontiers au Marais, chez le traiteur Goustard. Les membres de la Convention finirent pas se préoccuper de cette fâcheuse situation, et envoyèrent à Dijon en mission extraordinaire un des leurs, le représentant Calès.

Robert, et avec lui tous les administrateurs du district et du département, saluèrent par des acclamations enthousiastes l'arrivée du représentant qui allait rendre le pouvoir au parti modéré. Calès en effet cassa la municipalité, rétablit les directeurs et les magistrats, licencia les com-

pagnies de canonniers qui formaient une sorte
de garde prétorienne au service de Sauvageot et
de ses amis, et prononça la dissolution du club
des Jacobins. Les modérés accueillirent avec
empressement toutes ces réformes, et Robert se
fit comme l'interprète de ses amis lorsque, le
24 vendémiaire an III, il adressa, en qualité de
président du département de la Côte-d'Or (1),
une harangue de félicitations à Calès. « De cet
instant, s'écriait-il, dateront désormais le lustre
et la prospérité de la République, et le jour où
tu viens nous l'annoncer sera le plus beau jour de
notre vie et le plus beau jour de la tienne. » Il
est probable que Robert ne croyait pas lui-même
à la sincérité de ses déclarations, mais il jugeait
nécessaire de se conformer au goût du jour, et
d'ailleurs il avait besoin de se concilier un des
agents du pouvoir central, car il avait des ennemis, et, à cette terrible époque, on ne jouait pas
impunément avec la politique.

Aussi bien, malgré leur défaite, ni Sauvageot
ni ses amis n'avaient renoncé à la lutte. Profi-
tant des divisions qui s'étaient déjà glissées dans
les rangs des modérés, et des rancunes du parti
royaliste, ils reprirent possession de l'hôtel de

---

(1) Discours prononcé par le président du département de la
Côte-d'Or devant le représentant du peuple Calès, à son arrivée
au lieu des séances de l'administration. 1 broch. in-8, 3 p. Dijon,
Causse, 24 vendémiaire an III.

ville, confièrent la police à leurs partisans, et autorisèrent l'ouverture d'un club où se prêchaient les plus détestables doctrines.

L'administration départementale, dirigée par Robert, n'ignorait aucune de ces manœuvres; mais, comme elle était animée d'un tout autre esprit, elle profita des troubles excités par la Conspiration de Babœuf pour suspendre l'administration municipale, et obtenir du Directoire l'exclusion de Sauvageot.

Ce dernier avait toujours conservé des partisans. Des troubles assez sérieux éclatèrent à propos de la représentation d'une pièce de circonstance, *la Pauvre Femme*, représentation qui avait été interdite par l'administration départementale. Bientôt même les partis ne s'abordèrent plus que l'injure à la bouche, et la municipalité, où Sauvageot avait encore de nombreux amis, provoqua de sanglantes collisions. Le Directoire, fort irrité, ordonna une enquête, à la suite de laquelle plusieurs des Jacobins furent condamnés pour homicide par imprudence. C'est à l'occasion de ces troubles que Robert composa deux brochures de circonstance : *Première lettre au directeur Carnot* (Paris, 18 messidor an V), et *Seconde lettre au directeur Carnot* (12 thermidor an V). Elles ne présentent d'ailleurs aucun intérêt.

Fatigué par ces dissensions intestines, Robert

songeait à se retirer de la vie publique et à retourner à ses chères études, lorsqu'il fut nommé (1) membre du Conseil des Cinq-Cents. Il
accepta la mission dont l'honorait la confiance
de ses concitoyens, et prit place à l'assemblée
dans les rangs des modérés.

Il ne joua d'ailleurs qu'un rôle tout à fait
secondaire dans les débats législatifs. Convaincu,
par les scènes déplorables dont il avait été à
Dijon le témoin attristé, de la nécessité d'organiser un gouvernement sérieux, et croyant, non
sans raison, que ce gouvernement n'aurait de
stabilité qu'autant qu'il s'appuierait sur la morale et sur la religion, il présenta deux motions
d'ordre (2), la première le 29 juillet 1797, contre
la vente des presbytères, et la seconde sur la
nécessité de rétablir la morale et la religion. Il
préparait ainsi la saine et féconde politique qui
devait, quelques années plus tard, aboutir au
Concordat (3).

(1) Le 24 germinal an V, au refus de Morisot puîné, François
Robert est élu membre du conseil des Cinq-Cents par 243 voix,
contre 35 à Buvée, 8 à Maret, 12 diverses ou annulées. — Extrait
des procès-verbaux des élections de l'an V. — Communiqué par
M. Pingaud.

(2) Robert a pris soin de faire imprimer le discours qu'il prononça à cette occasion, et de le joindre à ses mélanges d'économie
publique. Il soutenait, à propos des presbytères, que « c'étaient
des propriétés communales dont l'état ne pouvait se passer pour
son compte. »

(3) Voici comment un contemporain, dont notre collègue M. L.

Ces motions réactionnaires comme on disait alors, cléricales comme nous dirions de nos jours, avaient signalé Robert comme un des députés sur lesquels pouvaient compter les opposants royalistes. Aussi, lorsque le coup d'état du dix-huit fructidor (4 septembre 1797) eut ramené au pouvoir les républicains avancés, l'élection de Robert fut-elle annulée. Heureusement pour lui on n'incrimina que ses sentiments, et non pas ses actes. Il échappa à la déportation et à la guillotine sèche, et dut s'estimer fort heureux de pouvoir rentrer dans la vie privée. Il ne voulut plus désormais en sortir, sauf quand il lui fallait rompre une lance contre les Vandales qui achevaient en Bourgogne leur œuvre inepte de destruction, et continuer la croisade artistique, où, plus heureux que dans sa vie publique, il eut du moins la satisfaction de voir en partie ses désirs réalisés.

Pingaud, a publié quelques écrits, Pautenet de Vereux, appréciait le rôle politique de Robert aux Cinq-Cents. « Robert a été très zélé partisan de la Révolution et irréligieux ; mais depuis longtemps il s'est montré persuadé que la religion est nécessaire au peuple : que le catholicisme est préférable à toutes les autres, et il avait annoncé qu'il ferait tous ses efforts pour concourir à son retour. On a vu par sa motion pressante sur la nécessité de la morale et de la religion qu'il a tenu parole jusqu'ici. » Voir Pingaud, *La Bourgogne en 1797* (Bulletin d'histoire et d'archéologie religieuses du diocèse de Dijon, 1888).

III

ROBERT ET LES MONUMENTS DIJONNAIS

Plus encore que les mérites scientifiques de Robert, ou que le rôle politique qu'il fut appelé à jouer, ce qui aurait dû lui assurer l'estime toute particulière, nous dirions volontiers la reconnaissance des Dijonnais, c'est l'extrême énergie avec laquelle il a constamment lutté pour conserver les œuvres d'art, dont était alors remplie la capitale de la Bourgogne. On sait qu'une sorte de fièvre iconoclaste se répandit sur la France entière dans les premières années de la Révolution. De Bayonne à Dunkerque, de Quimper à Strasbourg on détruisit au hasard, et uniquement pour le plaisir de détruire, tous les monuments qui rappelaient le souvenir d'un régime abhorré. Palais et châteaux, sculptures et bas-reliefs, tombeaux et inscriptions furent alors renversés ou mutilés avec une sorte de fureur barbare. On aurait dit de nouveaux Vandales s'acharnant après les débris d'un passé pourtant glorieux, comme pour se venger d'un long arriéré de haines contenues. Que de chefs-d'œuvre disparurent alors, dont le souvenir même a péri ! Robert eut le bon sens de comprendre la barbarie et l'inanité de ces vengeances rétrospectives. Il eut le courage de protester (1) contre les dévastations systématiques qui, sans profit pour personne, diminuaient le domaine artistique de la France. Il eut le plaisir de sauver quelques-uns de ces débris de notre grandeur nationale, et c'est en partie à lui que Dijon doit, à l'heure actuelle, d'avoir gardé sa physionomie originale, et d'être restée elle-même au milieu de la banalité de nos villes contemporaines. Aussi devons-nous lui en savoir gré, et nous regrettons qu'un de nos conseils municipaux, reconnaissant et bien avisé, n'ait pas songé à conserver son souvenir en donnant son nom à quelque rue nouvelle. Ce ne serait là que le paiement tardif d'une dette déjà fort ancienne.

Le maire et les officiers municipaux de Dijon

(1) En 1818, à l'article Dijon de son *Dictionnaire de Géographie* il écrivait encore : « Cette fureur de détruire nous ravale au-dessous des Vandales ; car enfin le renversement, la destruction d'objets d'art qui leur sont reprochés, ils s'y livraient sur terres étrangères, chez des nations qu'ils regardaient comme ennemies : c'était en quelque sorte pour eux le droit de la guerre. Mais nous! chez nous et de nos propres mains! c'est une barbarie qui ne s'explique que par le voisinage de la tourmente révolutionnaire dont les impressions et l'influence devaient s'étendre à plus d'un jour. »

5*

avaient, paraît-il, témoigné leur intention de
faire disparaître ce que, dans le langage empha-
tique de l'époque, on appelait les marques honteuses de la superstition. Le portail de Notre-
Dame, tout garni de figures de saints et de
souverains, celui de Saint-Etienne, la cathédrale d'alors, que décoraient un superbe bas-relief
de Bouchardon et quelques statues de la Renaissance et celui de Saint-Michel enrichi par de
nombreuses statuettes et le splendide bas-relief
représentant le jugement dernier excitaient surtout leur indignation. Ils avaient résolu de les
mutiler. Robert comprit qu'il fallait faire la part
du feu. Il écrivit (1) aussitôt au maire et à ses
adjoints pour les supplier de ne pas tout con-
damner sans examen. « Qu'on détruise tant qu'on
voudra sous le portail de Notre-Dame (2) ces

(1) *Aux citoyens maire et officiers municipaux de Dijon.*
F. Robert, administrateur du département. 1 broch. in-8, 4 p.
Dijon, Causse, 23 nivôse an II. — Cf. *Rapport au comité d'ins-
truction publique sur les dévastations du vandalisme à Dijon.*

(2) Le beau portail ogival de Notre-Dame fut en effet honteu-
sement mutilé. L'ouvrier chargé de l'exécution reçut 700 francs
pour ce travail. Voici le reçu conservé aux Archives Départementales : « Vu le mémoire des journées employées à la destruction
des signes de féodalité et de fanatisme, présenté par Pauffard,
entrepreneur à Dijon, montant à 722 francs, ledit mémoire arrêté
par Pasteur, voyer, à 700 fr., le directeur du district de Dijon
est d'avis que ladite somme de 700 francs soit payée audit Pauffard. » (Archives. Biens du clergé. Affaires générales. Liasse 29,
cote 9).

amas absurdes et gothiques de figures entassées sans choix et sans mesure. » De même pour Saint-Michel, « car nos artistes rempliront les niches vacantes par les statues des vertus civiles, » mais qu'on respecte au moins les figures qui décorent la face du portail de Notre-Dame, et le bas-relief placé au-dessus de la grande porte de Saint-Michel, ainsi que les caissons, car ils tiennent à l'effet général. » Il terminait par cette prosopopée, de mauvais goût assurément au point de vue littéraire, mais qui n'en était pas moins de circonstance : « Notre ville fut le foyer des arts : des temps difficiles les y ont obscurcis, mais ils y reparaîtront comme sur une terre natale. O Dijon, ô ma patrie ! Toi qui marchas l'égale d'Athènes et de Florence, assez et trop longtemps les rayons de ta gloire éclairèrent l'atmosphère impure des siècles de tyrannie. Qu'ils brillent à l'avenir de tout leur éclat pour les beaux jours de la liberté. »

Robert ne fut qu'à moitié heureux dans ses revendications. Les statues décorant les pendentifs de Notre-Dame furent en effet détruites. Une belle statue de Minerve, casque en tête et lance en main qui surmontait le fronton de Saint-Etienne, fut jetée à terre et réduite en poudre. On l'avait prise pour la statue de Saint Jean, à cause du bouclier chargé de la tête de Méduse sur lequel s'appuyait la Minerve; à Saint-Etienne fut encore anéanti le superbe campanile qui se faisait remarquer par l'élégance de ses formes. Le portail fut dépouillé du grand bas-relief de Bouchardon, et le chœur d'une superbe boiserie, chef-d'œuvre de patience qui avait coûté vingt années de travail à quelques religieux de la Chartreuse ; en outre l'église fut convertie en halle au blé. A Saint-Michel les échelles étaient déjà dressées pour détruire les statues et les médaillons du portail, lorsque les ouvriers se refusèrent à l'attentat qu'on leur commandait (1) ; on se contenta d'enlever le jugement dernier attribué à Hugues Sambin pour le remplacer par une inscription : Temple de la Raison, mais il fut replacé en 1804.

Quelques jours plus tard, le 12 ventôse an II, Robert adressait (2), cette fois à l'administration départementale, un nouveau rapport plus pressant, plus détaillé, pour demander la fondation à Dijon, d'une sorte de musée, où seraient réunies les œuvres artistiques provenant soit des établissements publics supprimés, soit des hôtels

(1) *Rapport sur l'établissement à former d'un Muséum, où seraient recueillis les monuments des arts provenant d'établissements publics supprimés et des maisons des ci-devant nobles émigrés.* 1 vol. in-8, 9 pages. Dijon, Causse, ventôse an II.

(2) Lettre de Robert, conservée aux Archives Municipales de Dijon (P. 4, Edifices et objets consacrés au culte) : 11 décembre 1807. « Les échelles étaient déjà commandées pour cet acte de barbarie, lorsque je parvins à en arrêter l'exécution. »

et châteaux des émigrés. En effet, il n'y avait
pas à la Convention que des Vandales ou des Iconoclastes. Plusieurs des membres de l'assemblée
n'avaient pu voir sans regrets détruire tant de
chefs-d'œuvre du temps passé. Le ministre de
l'intérieur, sur la demande de quelques-uns de
ces Athéniens de la Convention, avait donné
une mission officielle au sculpteur Ramey, en le
chargeant de ramasser dans les départements
des œuvres d'art qu'on réunirait ensuite à Paris
dans un établissement central. Ce devait être le
fameux Musée des monuments français, placé
dans le couvent des Petits-Augustins, aujour-
d'hui le palais des Beaux-Arts, qui en effet con-
tribua à sauver d'une ruine imminente un grand
nombre de sculptures et de fragments d'architecture. Robert approuvait en principe la mission
de Ramey, mais il voulait que les départements
ne fussent pas dépouillés au profit de Paris.
« Que l'on crée un musée (1) à Paris, ajoutait-il,
avec les tableaux du Roi, du Palais-Royal, des
châteaux et des maisons les plus opulentes,
rien de mieux, mais que la Bourgogne garde
précieusement ce qui jadis fit sa gloire. C'est
cette terre si féconde en grands hommes, et où
les beaux-arts refleuriront, qu'on frapperait de

(1) Il composa pourtant une brochure *Sur le muséum de Paris
et les inconvénients d'y concentrer les monuments des arts recueillis tant en France que chez les nations voisines.*

stérilité en la privant des modèles propres à former le goût, à échauffer le génie et à susciter
les artistes. Ajoutons qu'il s'y trouve déjà un
établissement analogue, une école de dessin,
de peinture et de sculpture, qui sollicite encore
plus particulièrement la formation d'un muséum... La grandeur et la multitude des édifices publics, que renferme cette commune nous
offrent d'ailleurs le choix d'un local convenable à
de pareils établissements. »

L'administration départementale, ainsi mise
en cause, eut le mérite, plus rare qu'on ne
pense, de ne pas céder à la passion du moment,
et de prendre quelques heureuses mesures pour
la conservation des monuments. Le 14 pluviôse
an II, « instruite que les citoyens préposés à la
destruction des monuments extérieurs de piété,
par suite de leur ignorance dans les arts, abu-
sent de leur commission, et abattent indifférem-
ment tout ce qui retrace la barbarie de quelques-
uns des siècles qui nous ont précédés, et les
chefs-d'œuvre des grands maîtres, » elle formait
une commission dite des monuments artistiques.
Les principaux membres de cette commission (1)

______

(1) L'arrêté fut rendu exécutoire le 15 nivôse an III, par le
représentant du peuple Calès : « considérant qu'il importe à la
gloire et au bien de la République de s'opposer aux progrès et
aux ravages du vandalisme.... en attendant que la Convention
nationale ait adopté des mesures générales pour atteindre ce but

étaient les peintres Devosge et Gagnereaux et le sculpteur Attiret. On lui assigna pour local le ci-devant hôtel de l'Intendance et une sommede 10,000 livres fut mise à sa disposition. On ne sait trop il est vrai comment elle fonctionna, mais il est probable que Robert fut son guide le plus autorisé (1). On a en effet conservé une curieuse lettre de Renon, substitut du procureur de la commune de Dijon, adressée au préfet, en date du 2 floréal an XI, dans laquelle il se vante d'avoir sauvé les mausolées de Legoux de la Berchère, de Delamarre, des présidents Frémiot, De Blaisy, Bouchu, en grattant les inscriptions qui les recouvraient et en les attribuant aux présidents Brulard et Jeannin, qui avaient trouvé grâce devant les démolisseurs, et il ajoutait : « Que de grâces nos concitoyens ne doivent-ils pas rendre à M. Robert, alors (1793) président du département. C'est à sa fermeté, à son zèle pour les beaux-arts que nous devons la conservation de nos temples. »

Quelle est au juste la part de Robert dans cette œuvre de préservation ? Il est assez difficile

salutaire dans toutes les parties de la République.... nommons conservateurs des monuments des arts dans le département de la Côte-d'Or les citoyens : Devosge, Gavigney, Antoine, Volfius, Robert, Renaud, Durande neveu, Renon, Attiret, Hoin, Baillet, Legros, Gagnereaux, Jacotot. »

(1) MAILLARD DE CHAMBURE, *Dijon ancien et moderne*, p. 179.

de la déterminer, car les documents sont peu
nombreux, et nos archives départementales,
admirablement ordonnées pour tous les siècles
antérieurs à 1789, ne sont plus guère accessibles
depuis cette époque. C'est pourtant dans ces
énormes amas de documents administratifs,
quand ils seront quelque jour déblayés, qu'on
fera, d'intéressantes découvertes. Il n'est cependant
pas impossible, dès à présent, de retrouver
les traces des efforts de Robert pour préserver
nos monuments provinciaux.

La Sainte-Chapelle (1) de Dijon fut l'objet de
ses soins particuliers, mais il ne fut pas heureux
dans ses efforts. La fureur révolutionnaire semble
en effet s'être acharnée sur ce vénérable édifice,
« la tête et la tour de salut de la Bourgogne, »
comme l'avait nommée son fondateur (2).
Dès le 8 janvier 1791, la Sainte-Chapelle, aux
voûtes de laquelle pendaient encore les drapeaux
pris à Rocroy sur les Espagnols, avait été enlevée
au culte et remise à la municipalité. Aussitôt
avait commencé la dévastation. Les lambris
richement sculptés qui garnissaient le chœur et

---

(1) « J. D'ARBAUMONT (Mémoires de la Commission des Antiquités
de la Côte-d'Or, t. VI), *Essai historique sur la Sainte-Chapelle
de Dijon*.

(2) « Ecclesiam ipsam tanquam ducatus caput et turrim salutis
cupio erigere. » Charte de fondation de la Sainte-Chapelle par
Hugues III, en 1172.

les chapelles avaient été vendus à vil prix. Les magnifiques ornements sacerdotaux conservés depuis des siècles dans la sacristie, les vases précieux et les objets artistiques accumulés par la piété des donateurs furent volés ou dispersés. Des statues qui garnissaient la nef ou les bas-côtés, les unes reçurent asile à Saint-Michel ou à Saint-Bénigne, et les autres furent provisoirement conservées, mais elles ne trouvèrent pas grâce devant un certain entrepreneur en bâtiments, qui les dénonça à la vindicte publique. Par une lettre en date du 23 frimaire an II, il appelait l'attention sur « la figure de la vierge au fond du chœur, environnée de nuages et de babouins qui forment sa gloire ; la statue d'un monstre de l'humanité (Gaspard de Saulx), celle d'un imbécile fanatique dit le marchand Bourguignon (Dine Raponde), enfin celles représentant les ci-devant de Vienne, toutes lesquelles figures mutilées, faites grossièrement et de plusieurs pièces rapportées, tiennent l'attitude suppliante et à genoux qu'exigeaient la superstition, l'erreur, le fanatisme que nous venons de traverser. » Aussi se proposait-il, pour faire disparaître « ces symboles de la vanité, de la bêtise de nos pères et de l'insigne friponnererie des gens tout en Dieu, » et pour balayer « tous ces joujoux de la féodalité et de l'imbécillité ancienne. »

Robert venait d'obtenir du département la création de la commission artistique. Le peintre Devosge et le sculpteur Attiret furent priés par lui d'intervenir contre cet énergumène. Attiret était justement l'auteur de l'Assomption, dont on demandait la destruction immédiate. Il était donc personnellement intéressé à la conservation de son œuvre. Il réussit en effet à la sauver, et la fit transporter à Saint-Bénigne, où elle se trouve encore aujourd'hui. Quant à Devosge, il dut se borner à constater dans son rapport que toutes les statues signalées étaient en mauvais état, et qu'il était grand temps d'assigner au monument une nouvelle destination.

En attendant que la Sainte-Chapelle fût convertie en écurie ou en magasin à fourrage, et malgré la résistance de Robert qui ne comprenait pas ces fureurs rétrospectives, la flèche élégante qui surmontait l'église fut condamnée à disparaître, « attendu qu'elle portait à environ moitié de sa hauteur une couronne fleurdelisée.» Le Directoire du département, par une lettre du 4 frimaire an II, invita en conséquence le directoire du district « à donner les ordres les plus précis, pour que, dès demain, et sans égard pour les dégradations et détériorations qui pourraient s'ensuivre, cette couronne disparaisse et cesse de blesser les yeux républicains. »

Ainsi profanée, ainsi mutilée, la Sainte-Chapelle subsistait pourtant dans son ensemble, et, bien qu'elle ait servi tour à tour de prison et d'écurie, on songeait à la transformer soit en salle de spectacle, soit en tribunal, lorsque certains Dijonnais mal avisés réclamèrent sa démolition. C'est en 1802 que quelques propriétaires voisins de l'église, sous prétexte du danger que le mauvais état de ces ruines faisait courir à leurs maisons, remarquant en outre que les fers et les plombs avaient été enlevés par des charretiers, et que la restauration d'un édifice ainsi compromis serait difficile et onéreuse, demandèrent sa disparition. On venait alors de restaurer en France le culte catholique, mais les fonctionnaires, en général, avaient accepté de mauvaise grâce le Concordat, et d'ailleurs ils étaient fort peu soucieux des vieilles gloires de la province. Robert eut beau faire appel aux souvenirs du passé, et démontrer qu'en détruisant ce vénérable sanctuaire, on portait atteinte au patrimoine commun de gloire nationale, sa voix ne fut pas entendue. L'administration municipale fit droit à la requête des pétitionnaires, et, le 23 août 1802, les bâtiments de la Sainte-Chapelle furent adjugés au prix de 38,000 francs. On fut obligé d'employer la poudre pour abattre ces murs et ces piliers, que les voisins craignaient de voir tomber sur leurs têtes. Des Anglais bien avisés achetèrent à vil prix la plupart des vitraux, mais il est triste de constater que les Dijonnais assistèrent sans émotion à la ruine de ce monument. Le rédacteur (1) du *Journal de la Côte-d'Or* se contenta d'enregistrer froidement la destruction de « ce temple (2) d'une triste architecture gothique. » Robert fut à peu près le seul qui protesta : mais il garda l'amer ressentiment de cet acte de vandalisme. En 1818, à l'article Dijon de son *Dictionnaire de Géographie* il écrivait encore : « dans un moment où la terrible expérience du passé, d'accord avec les principes immuables de la législation, nous avait pleinement convaincus qu'aucune association politique ne peut avoir d'existence durable qu'autant qu'elle est basée sur un culte religieux, comment qualifier la destruction d'un édifice, qui, consacré à la majesté du culte, était en même temps une

(1) Journal de Carion, n° 67. Le rédacteur ajoute : « Bien déchue de sa splendeur, ses murs qui se délectaient jadis de la douce odeur de l'encens, n'ont longtemps respiré que la vapeur infecte des prisonniers de guerrre, qui y furent entassés, et ses voûtes, habituées à retentir du chant des antiennes, n'entendirent pendant quelques années que le hennissement des chevaux et les propos tant soit peu lestes des palefreniers. C'est ainsi que passe la gloire du monde. »

(2) Qu'on ne s'étonne pas du mépris de nos pères pour l'architecture gothique. Il était à peu près général. Fénelon (2e dialogue sur l'éloquence) ne comparait-il pas déjà une église gothique « à un sermon plein d'anthithèses et de jeux de mots » et Fleury (5e discours sur l'histoire ecclésiastique) n'écrivait-il pas que « les bâtiments gothiques étaient tellement chargés de petits ornements et si peu agréables qu'aucun architecte ne voudrait les imiter. »

des productions des arts les plus imposantes ? »

Inutiles furent encore ses protestations lorsque l'abbaye de Saint-Bénigne fut condamnée par le conventionnel Bernard à servir « à l'exercice du canon et au maniement des armes. » En effet on abattit le jubé, on enleva les boiseries du chœur et les stalles des religieux ; on vendit les statues, les autels, les tableaux, on mutila le portail, on brisa le tympan, soigneusement enchassé sous le porche, et qui représentait le martyre de Saint Bénigne, enfin on exhaussa le sol de l'église « pour rendre possible l'exercice du canon » et la plupart des dalles tumulaires qui ornaient la basilique furent volées, ou brisées, ou vendues à vil prix (1).

Ce fut surtout contre la rotonde où étaient enfermés les restes de l'apôtre de la Bourgogne que s'acharna la fureur des révolutionnaires. Un ingénieur distingué, membre de l'Académie de Dijon, Antoine, avait essayé de préserver le monument en proposant de le convertir en grenier à blé. « Gardons-nous, avait-il dit dans un mémoire qu'il rédigea pour la circonstance, des propos de ces architectes, maçons et entrepreneurs avides, qui, voyant leur intérêt à tout démolir, prêchent la destruction de tous les bâtiments qui existent, parce qu'ils y trouvent

(1) Abbé Bougaud, *Etude historique et critique sur la mission, les actes et le culte de Saint Bénigne.*

leur profit. On les paie lorsqu'ils démolissent et ils savent trop bien que, plus ils auront détruit, et plus ils gagneront pour reconstruire. N'employons pas nos ressources pécuniaires pour élever la fortune des démolisseurs. » Robert s'associa à cette noble protestation. Il ne put sauver la rotonde, mais il fit déclarer par le Directoire qu'on garderait les médailles, les pierres précieuses, les antiquités de métal, etc. On réussit en effet à sauver quelques dalles tumulaires, celles d'Othe Guillaume mort en 1207, celle du roi de Pologne Ladislas mort en 1338, celle de Tabourot des Accords, etc., mais la destruction était déjà bien avancée. Marbres, mosaïques, colonnes, revêtements des autels, tout fut vendu à vil prix et s'éparpilla dans les maisons et jardins des particuliers. Lorsque fut brisé le tombeau du Saint, on creva les voûtes de l'étage souterrain et on y amoncela les décombres. En septembre 1792 on nivelait le terrain par-dessus ces décombres, et les révolutionnaires pouvaient se vanter d'avoir détruit jusqu'au souvenir du lieu où avait été enseveli le grand saint Bourguignon.

Robert ne fut pas plus heureux dans ses tentatives pour défendre contre le marteau des démolisseurs la Chapelotte (1) ou Chapelle aux

(1) D'ARBAUMONT, *Notice historique sur la Chapelle et l'Hôpital aux Riches* (Commission des Antiquités de la Côte-d'Or, t. VII).

Riches, proscrite sans doute à cause de sa déno-
mination (1), et la statue colossale de Louis XIV,
par Etienne Lehongre, qui se dressait depuis
1747 sur la place d'Armes. Il eut également à
lutter contre le fanatisme de la municipalité qui
ne s'attaquait pas seulement aux édifices religieux, mais, dans son fatal aveuglement, s'en pre-
nait encore aux lieux consacrés par les souvenirs
politiques du passé. C'est ainsi, que malgré les
observations de Robert, fut mutilé ou du moins
dégradé l'Hôtel de Ville de Dijon. Les édiles de
l'époque, Sauvageot et ses amis, offusqués par
les splendides tapisseries et les portraits de rois
ou de princes qui ornaient l'ancienne salle de
la Chambre des Comptes, firent enlever ces dan-
gereux emblêmes de la tyrannie d'autrefois et
leur substituèrent une tenture en papier ornée
de bonnets Phrygiens. Ils ne s'arrêtèrent pas
en si beau chemin (2) Ils remplacèrent le Christ
par un buste de Marat, et, s'ils consentirent,
d'après le rapport de Devosge, à abandonner au
Musée les tableaux qui ornaient la chapelle de
Saint-Alexis, ils entassèrent sur deux charrettes
tous les autres objets d'art qui garnissaient le

(1) Les bâtiments furent vendus pour le prix total de 23900 livres à l'entrepreneur Duleu et au serrurier Meigné, qui en com-
mencèrent tout de suite la démolition (1792).

(2) GARNIER, *Les deux premiers hôtels de ville de Dijon* (Mémoires de la Commission des Antiquités de la Côte-d'Or, t. IX).

palais municipal et, le 10 vendémiaire an II (1er octobre 1793), en présence des autorités constituées, les brûlèrent sur la place du Morimont.

Robert s'était opposé dans la mesure du possible à ces actes de vandalisme inepte. Il n'avait pas réussi, et il le regrettait fort, à sauver ces débris d'un passé glorieux, mais il ne renonça pas à la lutte, et fut assez heureux pour arracher à une destruction certaine plusieurs monuments et de nombreux objets d'arts. C'est ainsi que grâce à ses efforts persévérants furent conservées les orgues des églises. Quelques Dijonnais, dont les noms méritent d'être associés au sien dans notre reconnaissance, L. Gagnereaux, J.-B. Volfius, Cœur, Jacob père, Durande, Marlot, Pereuot, Mardot, Lombard, Renon, Rousselot, Baillot, François Devosge, P. Jacotot, lui adressèrent à ce propos une lettre de remerciements et de félicitations. Notre collègue, M. Dietsch, qui prépare une histoire des orgues de Dijon, nous avait, avec un désintéressement qui l'honore, communiqué ce précieux document, mais c'était pour nous comme un devoir professionnel que de ne pas enlever au possesseur de cette lettre inédite le plaisir de la publier. Nous ne pouvons que former un vœu, c'est que notre honorable collègue nous fasse profiter au plus vite des trésors qu'il a amassés, et nous donne bientôt cette histoire des orgues Dijonnaises, qu'il est seul capable de traiter avec autorité et compétence.

Les tombeaux des ducs de Bourgogne au couvent de la Chartreuse de Dijon furent également sinon conservés, au moins préservés en partie grâce à l'intervention de Robert. Ces précieux monuments ne pouvaient échapper à la fureur des iconoclastes Dijonnais. Conformément à la délibération du conseil général de la commune de Dijon du 8 août 1792, confirmée par les arrêtés du district de l'arrondissement et du Directoire de la Côte-d'Or du 13 décembre de la même année, la destruction des tombeaux fut résolue. Il était difficile d'épargner la dernière demeure des anciens tyrans : au moins Robert réussit-il à en empêcher la destruction complète. Aux termes mêmes de l'arrêté, il était facile de comprendre que l'administrateur ne s'était incliné que malgré lui devant une nécessité du moment. Robert avait en effet recommandé, non pas de briser, mais de réduire en bloc les principales figures, ce qui n'excluait pas la possibilité de réunir plus tard ces blocs. En outre sur les quatre-vingt-dix statuettes des religieux pleureurs qui ornaient les tombeaux, soixante et dix furent déposées au Musée (1); les tables et les bases en

(1) De Saint-Mesmin, *Description des tombeaux des ducs de Bourgogne* (Commission des Antiquités de la Côte-d'Or, t. II).

marbre noir de Dinan restèrent à la cathédrale, et les ornements d'architecture qui décoraient les massifs entre la table et la base, et servaient de niches aux statuettes, furent dispersés dans divers édifices publics. Aussi lorsque, en 1818, le conseil général de la Côte-d'Or accueillit la demande de restauration des tombeaux, introduite par Saint-Père, professeur d'architecture à Dijon, fut-il relativement facile de réunir les parties distraites, soit en les rachetant, soit en les reprenant dans les dépôts publics. Sans l'intelligente précaution de Robert, ces magnifiques monuments de la piété et du génie artistique de nos pères auraient été dispersés aux quatre vents de l'horizon, et notre Musée ne posséderait pas un des plus beaux spécimens que l'art de la sculpture ait produits au moyen âge.

C'est à Robert que l'on doit la conservation de la belle tour du palais ducal. « Au passage du premier Consul à Dijon, a-t-il raconté dans une lettre du 11 décembre 1807, à son retour des plaines de Marengo, il fut tiré en son honneur un grand feu d'artifice sur la tour du logis du roi. Deux heures après, par l'inadvertance des préposés, les flammes se manifestèrent dans l'étage supérieur de la tour. Une pluie de plomb fondu empêcha qu'on ne pût y porter secours, et l'incendie, qui ne cessa que par le défaut de matières combustibles, y causa de grands dégâts.

Il y avait dix-huit mois que la tour, en cet état, demeurait abandonnée à l'action destructive des éléments. Dans peu elle eût menacé de ses ruines les bâtiments environnants, et il eût fallu la démolir. Dans cette circonstance je publiai un écrit expositif des raisons multipliées qu'il y avait de restaurer ce monument du moyen âge, seul reste de nos Ducs, et converti depuis peu en observatoire. Il fut fait droit à mes réclamations, et un mois après, les travaux pour ses réparations furent mis en délivrance. »

Robert fut moins heureux dans ses revendications en faveur d'autres monuments Dijonnais. Il importe de remarquer que ce ne fut pas seulement, comme on le croirait volontiers, dans la période révolutionnaire que furent commises les déplorables dévastations, qui nous ont privés de tant de chefs-d'œuvre. Sous le Consulat et même pendant l'Empire, des administrateurs plus zélés qu'éclairés, des spéculateurs sans vergogne, et même des artistes égarés par des préjugés d'école, continuèrent, les uns par indifférence, les autres par amour du lucre, ces derniers par esprit de système, leur guerre à outrance contre les monuments du passé. On a conservé une pétition, adressée au préfet de la Côte-d'Or, en date du 19 messidor an X, et au bas de laquelle on regrette de trouver le nom du sculpteur Attiret, pour obtenir la démolition du chœur de la Collégiale de Saint-Jean, et de la tour de Saint-Philibert « édifice du plus mauvais (1) genre gothique, dont la destruction doublerait en étendue la superficie de la place Saint-Bénigne. » Le préfet Guiraudet adressa aussitôt un mémoire à Rœderer et à Maret pour appuyer la pétition. Il proposait en outre de convertir en salle de spectacle la collégiale de Saint-Jean, une fois débarrassée de son chœur, et il ajoutait ces mots, aussi monumentaux que les édifices dont il réclamait la destruction : « Au reste, obligé d'abattre l'aiguille de la Sainte-Chapelle qui va tomber bientôt, je dois vous dire que, vu le goût qu'on a ici pour ces pointes dans l'air, il se présente une compagnie qui, moyennant la cession de celle-ci, s'engage à placer sur le faîte de Saint-Michel l'aiguille de Saint-Jean. »

Ce fut alors que Robert, indigné de ces inepties, usa de son influence et mit en jeu toutes les ressources de son esprit pour sauver les monuments menacés (2). On a conservé la belle lettre qu'il écrivit le 14 juin 1803 au préfet de la Côte-d'Or, pour essayer de ramener ce haut fonctionnaire au sentiment de ses devoirs artis-

(1) Ces inepties artistiques étaient en partie justifiées par le goût de l'époque. Le président de Brosses n'avait-il pas écrit que gothique était synonyme de barbare ?

(2) MAILLARD DE CHAMBURE, ouvrage cité, p. 172.

tiques. « Aucune ville, Monsieur le Préfet, n'a autant souffert du vandalisme révolutionnaire que celle de Dijon ; cet esprit aveuglément destructeur s'y est même perpétué depuis la Révolution, témoin la démolition de la Sainte-Chapelle qui se consomme en ce moment ; témoin celle de l'église Saint-Jean que j'ai empêchée ; témoin la belle tour du palais des anciens ducs de Bourgogne, qui, attaquée par les flammes, était vouée à l'anéantissement, et que j'ai fait réparer, ainsi que vous le verrez par les deux écrits que j'ai l'honneur de vous adresser. Mais en sauvant la basilique de Saint-Jean de la démolition, je n'ai pas tout fait ; les plombs qui recouvraient la plate-forme des réchauds ont été enlevés et sont devenus la proie des brigands durant les désordres. L'action des eaux pluviales prépare la ruine de la flèche qui est un chef-d'œuvre des arts non assez connu. Les monuments sont sous votre sauve-garde, Monsieur le Préfet, et vous aurez bien mérité de la ville dont vous avez la haute manutention (*sic*), si vous provoquez la réparation dont l'amour de mon pays m'a déterminé à vous faire connaître l'urgence, et que sollicitaient en même temps la décoration de la ville, l'intérêt des arts et celui de la religion. »

Le préfet, piqué au vif par cette pressante adjuration, recourut de son côté à la presse. Le

15 thermidor an X, le *Journal de la Côte-d'Or* (1) insérait contre Robert un article des plus vifs : « Un homme qui, dans notre département, se croit une puissance, et qui de temps en temps lance dans le public quelques petites lettres à style bien guindé, le citoyen Robert enfin, vient d'en adresser une nouvelle au préfet. Elle a pour objet la démolition arrêtée d'une partie de l'église Saint-Jean que ledit de Bézouotte ne veut pas qu'on fasse. Du ton dont il régentait jadis à Chalon, il vitupère fortement le préfet de l'avoir ordonnée parce que, dit-il, il n'y a rien dans la loi qui l'autorise, et que Saint-Jean est un monument des arts les plus signalés..... Ce n'était pas tout que d'exhaler gratuitement sa pieuse colère contre le magistrat qui préside à l'administration de notre département, l'écrivain déclare aussi la guerre aux motifs de l'arrêté. Il a toisé la largeur du passage de l'église à la place, et il a décidé contre l'ingénieur que, le passage étant suffisant, il ne veut pas que la place elle-même en reçoive quelque embellissement. »

Malheureusement pour Robert et pour la cause qu'il défendait, il n'avait pas contre lui rien que le préfet et les journalistes officiels. Entrepreneurs avides, artistes inconscients, fanatiques, tous s'unirent contre lui pour réclamer la des-

---

(1) *Journal de la Côte-d'Or*, par Carion, n° 64.

truction déjà décidée mais pas encore exécutée.
Robert fut obligé de rentrer en campagne. Cette
fois il ne s'adressa plus au préfet, mais au public,
et, le 15 mai 1807, lança une brochure où il ne
ménageait ni ses expressions ni ses ennemis (1).
« Durant l'anarchie démagogique, dans ces
temps de vertige, de ténèbres et de fureur, où
toutes les bornes étaient déplacées, tous les
principes étaient oubliés ou méconnus ; à cette
époque trop fameuse où la raison délirante
ouvrait la porte à tous les excès, la destruction
des édifices sacrés, l'anéantissement des monuments des arts pouvaient s'imputer au malheur
des temps, mais depuis.... » Ce sont, d'après
Robert, de viles pensées de lucre qui ont excité
les démolisseurs. « Cette destruction entre dans
les froides spéculations d'hommes sordidement
avides, qui calculent lâchement sur ce que leur
produiront les fers, les plombs, les bois, les
tailles, les ardoises. » Rien de plus malheureux
pour Dijon que la démolition projetée, car elle
ne recevra plus la visite des étrangers attirés
par ses monuments. D'ailleurs n'est-ce pas une
profanation sacrilège que de faire disparaître ces
édifices sacrés, et cela au moment même ou l'ancien culte est rétabli par un gouvernement

(1) *Observations sur la destruction projetée de la basilique de
Saint-Jean de Dijon.* 1 broch. in-8, 10 p. Dijon, Frantin, 1807.

réparateur ? « Après avoir échappé à cette époque fatale où le crime déifié épouvantait la terre par un débordement de lois furibondes.... gardons-nous de détruire nos temples, gardons-nous de convertir ces splendides basiliques en d'inutiles monceaux de décombres ; ne touchons point à ces monuments respectables de la sage politique autant que de la piété de nos aïeux, et, si nous n'avons pas le mérite de créer, abstenons-nous au moins d'attenter à un monument dont l'intérêt de la religion, la pompe du culte, le génie des arts, le respect pour les productions du génie, la spendeur de notre ville et le vœu général de ses habitants commandent la conservation. »

La flèche de Saint-Jean et surtout le chœur de cette église ne trouvèrent pas grâce devant des fanatiques, qui avaient juré haine à mort à toutes les productions de l'art gothique, et surtout devant des propriétaires trop bien avisés, qui voulaient donner de l'air et de la lumière aux façades de leurs immeubles. Nous regrettons de rencontrer parmi ces propriétaires le nom du maire d'alors, Durande. Robert le rappela à la pudeur et au sentiment des convenances, en lui adressant, le 7 février 1808 (1), une lettre fort spirituelle et très mordante, où, entre autres

____

(1) Lettre communiquée par M. Dietsch.

vérités, il lui décochait les malices suivantes:
« Mais, dites-vous, le passage adjacent au chevet
de l'église est angustié. Il est angustié! Mais qui
vous empêche de lui donner une plus grande
largeur? Qui vous empêche de le rendre plus
commode en abattant une bicoque qui est à l'opposite! Quoi! pour conserver une masure vous
renversez un édifice que n'élevèrent pas deux
millions de dépenses!... Je ne soupçonne aucun
des propriétaires des maisons situées à l'opposite
du chœur de Saint-Jean d'en vouloir la démolition, qui, en leur procurant plus de jour, leur
procurerait aussi plus de valeur, mais si, ce que
je ne crois pas, il en était un qui se montrât sourd
jusqu'à ce point aux intérêts de son pays, qu'il
veuille bien reconnaître avec nous qu'un inter-
valle de trente-sept pieds donne une belle largeur
à la rue, qu'il veuille bien aussi admettre que,
dans nos sociétés, le particulier doit subordon-
ner sa convenance à l'intérêt général, mais que
ses prétentions seraient aussi déraisonnables
que dérisoires s'il aspirait à ce que la propriété
publique reculât devant la sienne. »

Ainsi pris à partie, le maire Durande n'osa
pas faire démolir tout de suite la partie de l'édifice sacré qui avoisinait son immeuble; mais il
ne renonça pas à ses projets d'élargissement. On
a conservé, dans les archives de Dijon, une très
curieuse lettre du maire, en date du 29 juillet

1809, adressée au marguillier de la paroisse Saint-Michel, dans laquelle, reprenant une thèse favorite du préfet Guiraudet, il leur annonçait « qu'il se trouvait dans la dure nécessité de faire démolir la flèche de Saint-Jean. M. le Préfet s'est rendu sur les lieux et a senti l'impossibilité de la réparer sans se jeter dans des dépenses onéreuses pour la ville, et qu'on pourrait en quelque sorte regarder comme superflues, puisque ce lieu n'est pas rendu à sa première destination. Ces motifs et mon vif désir de conserver ce monument que beaucoup de personnes regrettent, m'engagent à vous offrir cette flèche pour la placer sur l'église Saint-Michel. Puisse cette offre vous être agréable et vous prouver combien il me serait flatteur de trouver quelque occasion qui puisse seconder vos vues pour l'embellissement et l'amélioration de votre église. »

Le cadeau était embarrassant, car la flèche de Saint-Jean jaillissait à trois cents pieds dans les airs, et demeurait suspendue comme par enchantement, malgré son poids et son énorme surcharge, au-dessus du lambris qui tenait lieu de voûte, et elle cherchait son appui par des jambes de force dirigées obliquement sur les murs latéraux, qui étaient sans contrefort et dont elle n'opérait pas l'écartement. C'était une vraie merveille de construction. Il était bien difficile de la refaire au-dessus de Saint-Michel : aussi le conseil de fabrique de l'église déclina-t-il poliment cette offre singulière, par l'organe du curé Deschamps, et répondit en alléguant la modicité de ses ressources. « Nous respectons les motifs qui déterminent l'autorité à démolir la flèche de Saint-Jean, ajoutait-il, mais c'est avec un vif regret que nous voyons abattre ce monument qui décore Dijon et retrace de si grands souvenirs..... Nous faisons des vœux pour qu'usant de votre influence auprès du gouvernement, vous parveniez à faire placer à ses frais une flèche sur l'église Saint-Michel. Alors nous ne pourrions qu'applaudir au zèle qui vous animerait pour l'embellissement du temple religieux dont la conservation nous est chère. »

Cette fois la flèche de Saint-Jean était bien condamnée. Ni Robert, ni les marguilliers de Saint-Michel, ni les admirateurs de l'art gothique ne pouvaient plus retarder sa chute. Elle tomba en effet sous le marteau de démolisseurs, et, en même temps qu'elle, disparut le chœur de la collégiale. Le maire Durande eut la satisfaction de « donner de l'air » à son immeuble. Nous en félicitons ses héritiers. Au moins Robert aura-t-il le mérite d'avoir jusqu'au bout lutté pour la bonne cause.

Robert fut plus heureux dans ses efforts pour préserver des démolisseurs la vieille église romaine de Saint-Philibert (1), un des plus anciens édifices sacrés de Dijon, dont Robert de Langres, par sa charte de 1103, disait déjà qu'elle existait *antiquitus*. Grâce à lui on peut encore admirer la sveltesse et l'originalité de cette flèche gothique, dont les contemporains d'Attiret déploraient le mauvais goût. Certes ce sont là des services municipaux qu'il serait injuste de méconnaître, et, dans une ville intelligente et soucieuse de son passé, on aurait dû ne pas oublier que, si Robert ne fut pas le restaurateur de notre gloire artistique, il en fut à tout le moins le conservateur.

Aussi bien Robert étendait à la France entière la sollicitude éclairée dont il donna tant de preuves à Dijon. Jamais il ne se désintéressa des questions artistiques, et, à une époque où les bruits de bataille étouffaient toute autre considération, on le vit consacrer les restes de son ardeur à des questions d'un ordre purement idéal. C'est ainsi qu'il écrira (2) au ministre de l'intérieur au sujet des quatre fameux chevaux de bronze, attribués à Lysippe, et qui, après avoir orné successivement Corinthe, Rome,

<hr>

(1) FOISSET, *Saint-Philibert de Dijon et l'architecture romane en Bourgogne* (Commission des Antiquités de la Côte-d'Or, t. VI).

(2) *Mélanges sur différents sujets d'économie politique*, par F. Robert, 1 vol, in-8. Paris, Lenormant, an VIII.

Constantinople et Venise, venaient d'être enlevés par Bonaparte et transportés à Paris. On ne savait où les placer. Robert proposa comme emplacement le fronton du Louvre. On sait que l'Empereur leur assigna comme demeure définitive l'arc-de-triomphe dont il avait ordonné la construction sur la place du Carrousel, mais la défaite nous enleva ce que nous avait procuré la victoire, et le quadrige est aujourd'hui réinstallé à Venise au-dessus du portail de l'église Saint-Marc.

Robert s'intéressait même à des tableaux, qu'il avait admirés, et dont il suivait la fortune dans leurs diverses pérégrinations. On a conservé une curieuse lettre, à lui adressée par l'archevêque de Malines, le fameux de Pradt, au sujet d'un de ces tableaux (1) :

« Je mériterai toute ma vie, Monsieur, les sentiments dont vous m'offrez l'expression au sujet de mon élévation au siège de Malines. Comme vous connaissez bien les habitants de ce pays-ci, vous ne serez pas surpris d'apprendre que j'y ai été reçu et installé avec la plus grande distinction. Tout en recevant des louanges peu méritées, je les tournois en instructions et je me disois avec Saint Bernard : Laudor a charitate quæ omnia credit, sed confundor a veritate quæ

____

(1) Lettre communiquée par M. Grigne.

omnia novit. Vous me parlez d'un certain tableau :
eh bien ! il est toujours en ma possession. Il n'est
pas sorti de la palette de Jordaens mais bien de celle
de son maître Rubens ; quoi qu'il en soit je n'en
suis pas moins touché de l'offre obligeante que
vous me faites de celui que vous avez acheté. Con-
servez-le, ne fût-ce que po͏ͯ ͏ͬen orner votre cabinet d'études, et rappelez ͏ͫ͏ plus en plus à votre
belle mémoire le souvenir d'un homme qui connaît depuis longtemps tous les talents dont vous
êtes doué, et qui s'est estimé heureux d'avoir un
peu contribué à les produire sur un théâtre digne
de vous. Encore un mot ; il vous exprimera ce
que je pense et ce que je sens : quand je vous
assure, Monsieur, de ma sincère estime, elle est
mêlée d'un fidèle attachement, dont j'espère que
vous voudrez bien agréer l'expression. »

Tels sont les renseignements que nous avons
pu réunir sur notre compatriote Robert. Nous ne
nous dissimulons pas combien ils manquent de
précision, parfois même de cohésion, mais il
nous a fallu reconstituer cette biographie avec des
indications éparses, et souvent contradictoires,
avec des fragments de correspondance ou des
préfaces d'ouvrages. De là d'inévitables lacunes
et sans doute des erreurs. Ce que nous avons
surtout cherché, c'est à rappeler le souvenir
d'un honnête homme, d'un travailleur, d'un
amateur éclairé des beaux-arts. Trop heureux

serions-nous si les curieux d'histoire locale, si nombreux en Bourgogne, répondaient à notre appel en nous aidant à réparer des omissions bien involontaires, et à redresser des erreurs que nous corrigerions avec empressement. Trop heureux surtout si le conseil municipal, par un acte tardif mais nécessaire de reconnaissance, consacrait le souvenir de l'homme qui a beaucoup fait pour Dijon, et donnait son nom à une des rues de la ville qu'il a tant aimée.

Paul GAFFAREL.

Dijon, imp. Darantiere.

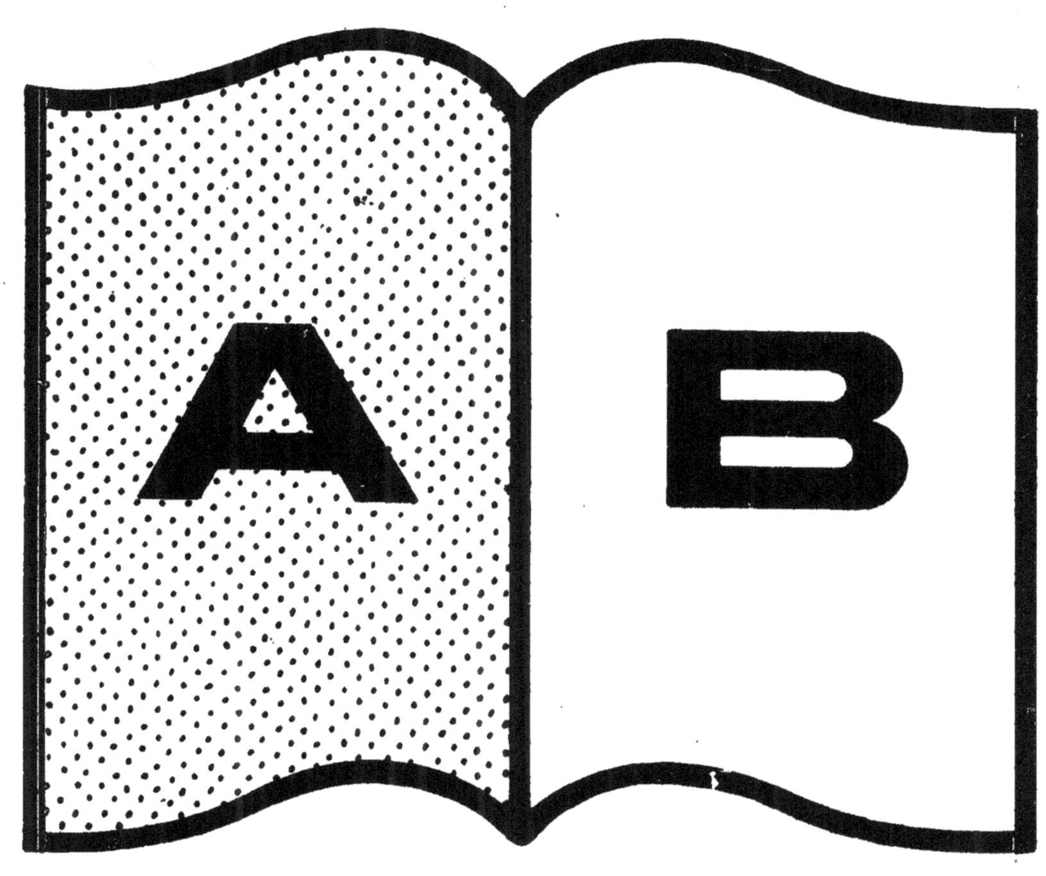

Contraste insuffisant

NF Z 43-120-14